福祉心理学

村松健司・坪井裕子

まえがき ▌

　心理学にはさまざまな研究領域がある。その中でも福祉心理学は，1990 年代以降徐々に研究と実践が積み重ねられてきた領域である。その展開の背景はいかなるものであったのだろう。

　第二次世界大戦敗戦後，日本の経済復興はめざましく，1956 年～1973 年の経済成長率の平均は9.1 ％であった。1973 年，第1 次オイルショックの影響を受けた後，1974 年～1990 年の経済成長率の平均も 4.2 ％を維持し，1979 年には『ジャパン アズ ナンバーワン：アメリカへの教訓』という本が出版されるなど，日本経済は黄金期を迎えることになる。

　しかし，1990 年初頭から株価の暴落が始まる。それにともなって，土地も徐々に値下がりし，日本経済に暗雲が立ちこめることになる。この頃，「経済的豊かさから心の豊かさへ」という視点の転換があり，1991 年4 月には「それいけ×ココロジー」という心理学を扱った番組が放送されるようになった。1991 年以降の日本経済はかつての右肩上がりの面影が遠ざかり，「失われた10 年（20 年）」に象徴される高度成長期からの決別を余儀なくされている。そして，新自由主義のもと，経済のグローバル化や非正規効用の増加，さらには「一億総活躍社会の実現」を目指した働き方改革やリカレント教育の推進など，「人生100 年時代」を見据えた新しい国家施策が始まることとなる。

　この時代背景を見ても，福祉心理学の展開が，まさに時代の要請として希求されてきたことがわかる。日本の低成長期には，児童虐待や非正規雇用の増加などによる貧富の格差と「子どもの貧困（相対的貧困）」，障害者を社会的弱者と捉えるのではなく，社会が障害者の社会参加を阻んでいる（社会的障壁）という障害モデルの変更，認知症の増加と介護

離職等の介護問題，100万人と推定されるひきこもりの高年齢化と80歳の親が50歳の子どもと同居し，ひきこもりの子どもを支えているという「8050問題」や「7040問題」など，わが国が抱えている福祉課題は枚挙にいとまがないほどだ。

　彼らはまた複数の困難を同時に抱えていたり，社会的に孤立していることも多いことから，心理職と福祉職，医療との連携・協働など，「チーム支援」の必要性がますます重要になってきている。福祉心理学は主に「援助の学問」であるが，その実践は社会を映す鏡でもある。今後は，必要な支援を必要な人々に届けるために，ソーシャルワークでいうソーシャルアクション（福祉制度の創設と改善を目指し，人々に訴えていくこと）に役立つ研究やモデル構築をしていくことが求められるだろう。

　2020年は東京オリンピック・パラリンピックが華やかに開催され記念すべき年になるはずだった。しかし，新型コロナウィルスのパンデミック（感染爆発）により，私たちの生活も一変した。この時代の「新しい生活様式」では，身体的距離を確保，三密（密集，密接，密閉）の回避，テレワークの推進など，語弊はあるかもしれないが「人と直接かかわることを可能な限り少なくする」ことが求められている。この新しい生活スタイルの中で，私たちが身体も心も豊かに生活するために何ができるのか。福祉心理学は常に，社会的課題に対応できるような新しい発想に基づく学問であることを指摘しておきたい。この講座が，みなさんの新しい発想が生まれることに寄与すれば執筆者全員，望外の喜びである。

2020年10月
村松健司

目次

1 福祉心理学の展開と課題

村松健司

《**目標＆ポイント**》 福祉で扱われる要支援者の課題は多様である。そのため，公認心理師は関連法規への理解や関係者との連携・協働が求められる。また，困難が生じる背景をシステム的に捉え，介入の方法を模索する必要もある。これらの試みはこれまでの心理臨床と異なる活動であり，ノーマライゼイションやユニバーサルデザインといった誰にでも生活しやすい社会への意識も重要になる。

《**キーワード**》 ウェルビーイング，ノーマライゼイション，アウトリーチ

1. 福祉心理学の展開

（1）福祉とは何か

　福祉（welfare）は，「個人，あるいは集団が健康，幸福，幸運で生活できること」と考えられる。また，福祉は過度な心配がなく，健康で，幸せな状態・状況（well-being）を目指す実践であるとも言えるだろう。ただ，何が「幸せ」か，は個人的な捉え方によるところが大きい。このことを追求していくことが福祉心理学の目的と捉えてもいいだろう。

　そもそも福祉心理の歴史は浅く，専門書も多くない。ここでは福祉心理を「福祉心理とは，人がよりよく，幸せに暮らせること目指す幅広い支援の在り方である」と大きく定義しておこう。

（2）福祉心理学に求められること

　貧困や障害といった困難を抱えた人たちがよりよく生活していくため

に，制度による支援は欠かせない。例えば，認知症や発達障害といった
困難に対しては，地域包括支援センターや発達障害者支援センターなど
が困難を抱える当事者だけでなく，家族に対する支援に関しても重要な
役割を担っている。発達障害者の配偶者はしばしば頭痛などの身体症状
や抑うつなどの精神症状を示しやすいという指摘や（岡田，2018），認
知症介護では，認知症周辺症状（BPSD：Behavioral and Psychological
Symptoms of Dementia）のために，家族や介護者のストレスは大変大
きくなる。こういった困難を抱える当事者（患者）とその症状のゆえに
新たなストレスを感じ，疲弊している家族の葛藤を理解し，その間をつ
ないでいくことも福祉心理学の役割の一つである。

　幼少期から進行性の難病を抱えた当事者が，不安のためか生活する障
害者施設で周囲の人たちに当たり散らしたり，「側にいて」と一人でい
ることを怖がるなど大変不安定な日々が続き，施設のスタッフ，家族共
に疲弊しきっていたことがあったと聞いたことがある。このままでは入
院しかないという瀬戸際に，施設の心理職がベッドサイドに腰をかけて
静かに座っていると，その当事者が「私だって，みんなに迷惑をかけて
申し訳ないと思ってる…」と絞り出すようにつぶやいたという。「それ
があなたの正直な気持ちなのですね」と答えた心理職は，当事者の同意
を得，そのことを関係者に伝えたところ，「そんな気持ちは聞いたこと
がない」とびっくりするとともに，お互いの関係についてもう一度考え
直す必要を感じたと述べた。以来，少しずつその当事者の不穏な言動は
少なくなっていったらしい。

　この重要なエピソードから示唆されることは，困難を抱えた当事者は
さまざまな思いを持っていて，その本当の思いは関係者に必ずしも表明
されていないということである。これは心理面接と同様のテーマと考え
られる。福祉心理学，福祉臨床では，困難な状況の背景に隠された当事

者や関係者の思いが共有され，新しい関係性に開かれていくことが期待
される。

2. 現代における社会の変化と課題

（1）児童虐待と貧困

　児童虐待の統計を取り始めた1990年は1,101件だった児童相談所への
相談件数は，2018年には159,850件と145倍に達した。もちろんこの数
字は，①児童虐待の社会啓発が進んだこと，②面前DV（子どもの目の
前で親が暴力を加えられたり，激しい諍い（いさか）が繰り返されること）が新た
に心理的虐待に加えられたこと，③警察など関係機関との連携が進んだ
ことなど，さまざまな要因の現れであり，この数字自体は一定数まで増
え続けるべきである。というのも，児童虐待は密室の家庭で発生するた
め，相当の「暗数」（明らかになっていない数）を想定し，誰にも見い
だされることなく大人になる被虐待被害者を可能な限り未然に防がなけ
ればならないからである。

　児童虐待に代表されるように，福祉領域で困難な心理的背景を持つ人
の存在が明らかになり，児童福祉の領域では1999年から心理療法担当
職員の配置が始まった。2000年には児童虐待防止法が成立し，その後
子ども家庭支援センター（主に市町村における子育て相談窓口），児童
家庭支援センター（地域における子育て相談や一時預かりなどを行う）
の設置と心理職の配置，児童相談所における心理職の名称が心理判定員
から児童心理司に変わるなど，福祉における心理支援の役割はこの
20年ほどで大きく変化した。

　児童虐待は夫婦間の不和，親戚や近隣からの孤立，育児不安，経済的
不安など複数の要因が積み重なって発生すると考えられているが，特に
経済的困難，すなわちわが国の相対的貧困（注1）については，2013年

になってようやく「子どもの貧困対策推進法」が制定され（2018年一部改正）教育支援，生活支援，就労支援等が明記された。しかしUNICEF（2007）が，ものが豊かになるだけでなく，健康と安全，教育，家族や仲間との関係，幸福への意識，行動やライフスタイルへの注目も必要であると指摘しているように，「生活の質（QOL）の向上」，つまり「もの」だけでなく「つながり」を基にした「生活の質の向上」こそが貧困対策の基盤であると考えられる。

　子どもの貧困対策への遅れは，長年子育ては家庭の責任であるという価値観が強かったためであろう。本田（2014）による「戦後日本型循環モデル」では，父親が会社人間となることで得た報酬の一部を，主に専業主婦である母親が子どもの教育費に充当することで公的な教育支出を少なくし，家庭が担った教育の成果が「新規学卒一括採用」という社会システムに支えられ，次の「新規労働力」を生み出してきたという。しかし，1990年代初頭のバブル崩壊後の低成長期には，このモデルが崩壊し，「公的扶助の対象となる人が明らかに増大しており，言わば社会の『底が抜けた』状態」になっていると指摘している。子ども，いや，家庭の貧困は社会構造の変化とともに拡大してきたが，2016年度わが国の教育への公的な財政支出（初等教育から高等教育までの公的支出）は2.9％とOECD（経済協力開発機構）加盟国35カ国の内の最低だった（OECD，2019）。

注1：相対的貧困とは，国民の可処分所得の中央値の人の半分以下しか所得がない状態をいう。親子2人世帯の場合は月額およそ14万円以下（公的給付含む）の所得しかないという指摘もある。阿部（2008）は，15歳の暮らし向きがその子どもの将来に大きな影響があると述べているが，相対的貧困家庭では，衣食住といった基本的な問題だけでなく，知的刺激を受けられる環境，学習機会，進学などで不利な状況に置かれることになる。

　しかし，流動化していく社会の中で「人が豊かになる」ためには，個人の努力に加え，社会がそれをどうサポートするかということを抜きには語れない。こういった背景の中で，貧困対策における心理相談（地域若者サポートステーションへの臨床心理士の配置など），家庭内暴力への相談対応（女性相談センター，ウィメンズプラザなど），発達障害者支援法や障害者総合支援法などによる障害者支援，高齢者の地域支援や家族支援など，心理相談のニーズは拡大してきた。そして，そのニーズに合わせた相談技法の探索と確立が今後の課題になると言える。以下の各章でこのことが詳細に述べられることになる。

（2）急激な少子高齢化の時代

　わが国の人口は2008年の1億2,808万人をピークに減少に転じている。内閣府の発表によれば2017（平成29）年10月1日現在の人口に占める65歳以上人口の割合（高齢化率）は27.7％とされ，既に4人に1人以上が高齢者という時代を迎えている。一方，14歳以下の推計人口は1982年から減少が続いており，世界に先駆けて少子高齢化が進行している。ここで問題になるのが，生産年齢人口（15歳から65歳未満）の減少であり，日本経済の生産性や成長率をどう維持，発展させるかが焦眉の急の課題となっている。

　少子高齢化について，少子化をもう少し詳しく検討してみると，1967年以降（1966年の出生率低下は，丙午の年に生まれた女性は男性に厄害をもたらすという迷信に影響されたと言われている）概ね合計特殊出生率（1人の女性が出産可能であるとされる15歳〜49歳までに産む子どもの数の平均）は低下してきている（図1-1）。

　少子化にはさまざまな要因があるが，その中に晩婚化，未婚化があるとされている。図1-2は第1子から第3子までの出生率，図1-3は父親

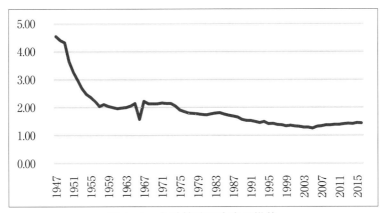

図1-1　合計特殊出生率の推移
（出典：人口動態調査（厚生労働省）を基に筆者作成）

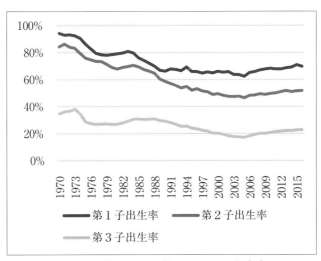

図1-2　第1子から第3子までの出生率
（出典：人口動態調査（厚生労働省）を基に筆者作成）

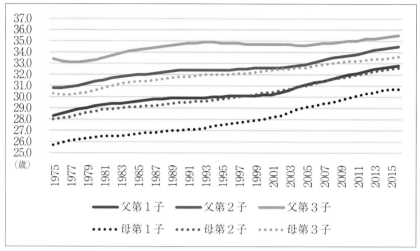

図1-3　出生順位別にみた父母の平均年齢の年次推移
（出典：人口動態調査（厚生労働省）を基に筆者作成）

と母親がそれぞれの子どもをもうけた平均年齢を示している。男性女性
とも，第1子の平均が30歳を超え，第3子出生率はかつてより減少して
いるとはいえ，35歳頃までには出産を終えていることがわかる。しか
し，この時期，「30〜34歳では，男性はおよそ2人に1人（47.1%），女
性はおよそ3人に1人（34.6%）が未婚であり，35〜39歳では，男性は
およそ3人に1人（35.0%），女性はおよそ4人に1人（23.9%）が未婚
となっている。」（内閣府ホームページ）という。少子化の背景には，社
会構造や経済状況，価値観の変化などにより，家庭を持ち子どものいる
者と，未婚者という二極化が起きている可能性が示唆されるため，総合
的な対策が必要となる。

3. 社会福祉の理念と施策

（1）社会制度としての福祉支援

　表1-1に近年の福祉施策の一部をまとめた。なお，各法律は適宜改正されるので，公認心理師は常に関係法令に対して注意を払っている必要がある。

表1-1　福祉領域の関連法令の一部

1993 年	障害者基本法
1998 年	知的障害者福祉法（精神薄弱者福祉法からの改称）
1999 年	新エンゼルプラン（2000 から 2004 年度）
2000 年	児童虐待の防止等に関する法律（児童虐待防止法）
2001 年	配偶者からの暴力の防止及び被害者の保護等に関する法律（DV 防止法）
2003 年	少子化社会対策基本法
2004 年	発達障害者支援法
2005 年	高齢者の虐待の防止，高齢者の養護者に対する支援等に関する法律（高齢者虐待防止法）
2011 年	障害者虐待の防止，障害者の養護者に対する支援等に関する法律（障害者虐待防止法）
2012 年	障害者の日常生活及び社会生活を総合的に支援するための法律（障害者総合支援法）
	子ども・子育て支援新制度（子ども・子育て関連法）
2013 年	障害を理由とする差別の解消の推進に関する法律（障害者差別解消法）
	生活困窮者自立支援法，子どもの貧困対策の推進に関する法律（子どもの貧困対策推進法）
2014 年	子供の貧困対策に関する大綱
2016 年	児童福祉法改正

（出典：筆者作成）

　このように，福祉領域は制度が整えられ，その後，児童福祉司，社会福祉士や精神保健福祉士（PSW），介護福祉士，保育士，医師，看護師，保健師，薬剤師，医療福祉士（MSW），理学療法士（PT），作業療法士

（OT），聴覚・言語療法士（ST），ジョブコーチや就労支援の関係者といった専門職と活動していくことになる。

（2）ケアワークなどの福祉支援

　福祉領域で公認心理師の支援対象となる要支援者は，多くの専門職から既に支援を受けていることがある。また，他の専門職の支援には明確に規定はされてはいないものの，それらの支援の中には心理支援を含んでいることが少なくない。例えば，精神保健福祉士は当然，制度の活用や生活支援といったケースワークを担うだけでなく，心理的なケアも行っている。それは，ケースワークの基本の一つである「バイスティックの七原則」に「クライエントを個人として捉える（個別化：individualization）」「クライエントの感情表現を大切にする（意図的な感情表出：purposeful expression of feeling）」「受け止める（非審判的態度：nonjudgmental attitude）」といった項目が含まれていることからも明らかである。特に，非審判的態度は，ロジャーズ（Rogers, 1940）の指摘する「無条件の肯定的関心（unconditional positive regard）」とほぼ同義である。公認心理師は，「心理支援は公認心理師だけが行うものではない」ことを念頭に置きつつ，独自の方法論を持つ必要がある。それは，人の発達や社会的行動を学んできた心理職ならではのアセスメントに基づくコンサルテーションにあると考えられる。福祉領域における心理的アセスメントをどう他職種に理解し，連携・協働を深められるか。今後の大きな課題の一つである。

4. 社会福祉における福祉心理学の援助

（1）援助の対象となる人たち

　冒頭で，「福祉心理とは，人がよりよく，幸せに暮らせること目指す

幅広い支援の在り方である」と述べた。わが国が豊かになり，社会保障
や子育て支援，あるいは障害者，生活困窮者など「社会的弱者」と呼ば
れる人たちまで支援を行き届かせようとする方向性は，人，あるいは社
会は多様性（ダイバーシティ：diversity）によって成り立っていること
の証左である。障害を持っているから特別な生活（例えば施設など）を
送るのではなく，可能な限り一般者と社会で生活することを目指す理念
と実践がノーマライゼイションでり，1950 年代以降，北欧から広がっ
た。ノーマライゼイションは障害のあるなしだけでなく，人種や性別，
家庭環境などあらゆる条件において差別や排除を受けることがなく，誰
もが同様に生活できる「共生社会」を目指す試みである。

　近年，ニューロダイバーシティ（シルバーマン，2015）という視点も
提供され，脳が多様性を持っていること，そのため例えば発達障害者は
黄色などの色が苦手なため，彼らにも優しい景観を意識すべきであると
いう主張もある（グランジョージ＆マサタカ，2016）。また，教育領域
では健常児と障害児ができるだけ同じように教育を受ける統合教育（イ
ンテグレーション）や，それぞれの教育ニーズに合った学習機会を提供
するインクルーシブ教育，さらに障害のあるなしにかかわらず誰もが学
びやすいユニバーサルな教育方法（UDL：Universal Design of
Learning）が模索され始めている。つまり，福祉心理学はノーマライ
ゼイションを目指す心理学的実践であり，また将来的には社会に働きか
ける運動（社会福祉ではソーシャルアクションと呼ばれている）も視野
に入れる必要がある。

（2）福祉心理学的援助の方法論

　地域の子ども家庭支援センターに，発達障害を抱えた被虐待児が相談
に来たと仮定してみよう。ここでは生態学的視点から援助の全体像をイ

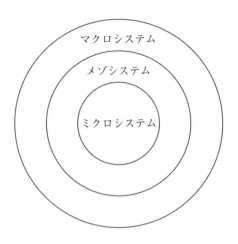

図1-4　生態学的なシステム

(出典：筆者作成)

メージしてみたい（図1-4）（注2）。ミクロシステムは困難を抱えてい
る個人および個人にとって最も身近な環境（保護者・家庭・学校など）
を示している。保護者にも来談意欲があれば，専門家などによって保護
者面接（メゾシステム）と子どもへの支援（心理査定，心理面接）が行
われることになる。しかし，医療的なケアが必要なら，医療機関に紹介
し，そこで診断や服薬，またあらためて心理療法などの実施が検討され
る。保育所でも立ち歩きなどの行動問題を抱えているなら，保育士への

注2：ソーシャルワークの領域では生態学的システム論という考え方もある。ここ
では，「4つの社会システム（マイクロシステム，メゾシステム，エクソシステム，
マクロシステム）」と「1つの時間システム「クロノシステム」」との相互作用から
クライエントを捉えようとする。さらに，クライエントがどういった人や機関に支
援されているかを把握するために，エコロジカルマップなどもよく使われる。

コンサルテーションが必要となる（メゾシステム）。また，家庭の状況が心配な場合は，地域の子育て支援員などとの協力が必要となる（メゾシステム）。マクロシステムは国の文化などを示している。育児における体罰の禁止は，わが国のマクロシステムに大きな変化をもたらすことになった。福祉領域における支援は，要支援者の心理（こころ）だけでなく，機能（身体機能，生理機能，認知機能）と環境（物的環境，人的環境，地域環境）からよりよい支援の在り方が模索されていく。この点が，面接室だけで完結させる従来の心理的援助と大きく異なるところである。

　さらに，困難を抱えた人ほど支援を求めにくいという状況がある。そのために，支援者の方から地域に出ていくアウトリーチの姿勢が求められることも多い。ひきこもりの生徒に，心理職の訪問支援が模索されたことがあったが，それが一つの例である。アウトリーチはまた，心理職だけでクライエントを支援するのではなく，他職種と連携・協働して支援することを基本としている。

（3）他職種連携・協働

　連携・協働はさまざまな捉え方があり，そもそも"linkage" "coordination" "cooperation" "collaboration" は，いずれも「連携」と訳されることがあるという指摘がある（野中，2007）。

　イギリスにおける専門職連携の促進機関であるCAIPE（英国専門職連携教育推進センター，2002）の実践を参考にすると，協働に必要な要素は「施設内の状況に知悉していること」「お互いに学び合おうとしていること」「共に行動する姿勢を欠かないこと」の3つに集約される。そしてこの理念は対話，相互理解，相互尊重という理念にも置き換えることができ，それぞれの専門性を超えて機能するためのキーワードになる

だろう。つまり，支援者は「一人よりも二人，三人の方がうまくいく」という考えを受け入れており，専門職同士の上質な相互作用がクライエントをよりよく支えていくことになるのである。

　しかし，このことは，それぞれの専門性を曖昧にすることとは似て非なることである。児童福祉の領域では子どもの生活に心理職が参加する方法があるが，この方法も心理職の専門性とは何かという点から吟味される必要がある。そして，連携・協働は人が変われば容易に変化してしまう。この動的営みをどう考えがえていくかということも，福祉心理学と本書の課題の一つである。

引用・参考文献

阿部　彩（2008）．『子どもの貧困―日本の不公平を考える』岩波新書
CAIPE（2002）．"The Definition and Principles of Interprofessional Education," http://caipe.org.uk/about-us/the-definition-and-principles-of-interprofessional-education/
Grandgeorge, M. & Masataka, N.（2016）．"Atypical Color Preference in Children with Autism Spectrum Disorder," *Frontiers in Psychology*, https://doi.org/10.3389/fpsyg.2016.01976
本田由紀（2014）．『社会を結びなおす　教育・仕事・家族の連携へ』岩波書店
厚生労働省（2016）．人口動態調査
　　https://www.mhlw.go.jp/toukei/list/81-1.html
内閣府（2017）．「未婚化の進行」
　　https://www8.cao.go.jp/shoushi/shoushika/data/mikonritsu.html
野中　猛（2007）．『図説ケアチーム』中央法規出版
OECD（2019）．Education at a Glance 2019
　　http://www.oecd.org/education/education-at-a-glance/
岡田尊司（2018）．『カサンドラ症候群 身近な人がアスペルガーだったら』角川新書
Rogers, C.R.（1940）．『サイコセラピィの過程　ロージャズ全集4』伊東博編訳，岩崎学術出版社

Silverman, S.（2015）．『自閉症の世界 多様性に満ちた内面の真実』正高信男・入口真夕子訳，講談社

UNICEF（2007）．"The well‑being of children in wealthy countries：UNICEF Report Card 7,"
https://cwrp.ca/sites/default/files/publications/en/Unicef52E.pdf

2 | 福祉領域の支援対象と福祉制度

坪井裕子

《**目標＆ポイント**》 福祉制度の移行にともなって，心理支援の対象が変化，拡大したことを理解する。さらに，心理支援の方法論，心理職の働き方にも大きな影響があったことを紹介する。
《**キーワード**》 要保護児童，養育困難，アウトリーチ型支援，地域移行

1. 福祉領域の支援対象とアプローチ

　現代社会では，少子高齢化の問題，虐待の問題，貧困や働き方改革などさまざまな課題がある。われわれが生きやすい社会作りが国をあげての課題となっている。特に福祉の領域では，支援対象となる方の生活にかかわる心理支援が求められる場面が増えている。福祉現場で公認心理師が支援の対象とする分野は多岐にわたるが，本章では，それぞれの分野で知っておくべき福祉制度や，公認心理師の支援のさまざまなアプローチについても紹介する。

（1）福祉心理学の領域

　福祉心理学の領域は他の領域と重なる部分が多く，多職種と協働して対応する必要があるのが特徴である。
　医療領域と福祉領域は言うまでもなく特に関係が深く，連携が必要である。医療領域では，基本的には病気や何らかの症状を主訴に医療的な治療が主に行われる。その際，福祉的観点からは，その方の病気や症状

による心理的影響や生きづらさに焦点を当てる。精神医療だけでなく，身体科の疾患であっても，医療的なケアを受けたあと，あるいは治療を受けつつ，病気や症状を抱えながらも，その方が少しでも生きやすくなるための支援を福祉の視点を持って行うこととなる。

　教育領域との関連では，特に児童福祉との関係が深いと言える。子どもの発達にかかわること，児童虐待にかかわること，不登校・ひきこもり支援にかかわること，子どもの貧困にかかわることなどがあげられる。要保護児童対策地域協議会（「要対協」と略されることが多い）では，行政機関が主になって，福祉領域と教育領域を中心に，協力して「要保護児童」への対応に当たることとなっている。それぞれの視点からの支援の組み立てが必要とされる。

　司法・犯罪領域との関連では，少年非行，障害者や高齢者の犯罪，再犯防止，犯罪被害者支援などの分野があげられる。例えば少年非行の場合，上述の「要保護児童」として教育領域とも協力して対応が必要になってくると考えられる。

　産業・労働領域との関連では，若年無業者（いわゆるひきこもりやニートの若者）および障害者の就労支援や雇用に関することが重要な課題としてあげられる。また，労働者のストレスチェックとメンタルヘルスの問題は，働き方改革ともあいまって「ワークライフバランス」の問題でもあり，福祉領域との関連が深いと言える。

　さらに自殺予防対策など多くの領域にかかわる課題等もある。このように福祉領域は他の領域とオーバーラップしながら支援を行っていく領域であるということを理解しておく必要がある。

（2）福祉領域のさまざまな心理支援

　福祉領域での支援対象は多岐にわたっていることは上述したとおりだが，支援のアプローチもまた多岐にわたっている。特に障害者や高齢者福祉における国の施策全体の流れとして，地域移行（病院や施設にずっといるのではなく，地域で生活していくということ）を推進する方向となっている。住み慣れた地域で，なるべく長く生活が続けられるようにするためには，地域・コミュニティでのケアが重要になってくる。したがって，福祉領域における心理支援も，地域やコミュニティなどの現場との結びつきが強くなると言える。相談室などに相談に来られる方だけを支援対象とするのではなく，地域の支援に出かけて行く「アウトリーチ型」の支援が求められるようになってくると言える。

　福祉領域の各分野において，心理職が必要とされる場面は増えつつある。例えば，児童福祉の分野を見ると，児童養護施設や児童自立支援施設，母子生活支援施設，乳児院などにおいて，施設で心理職を雇用してるところが増えている。これらの施設における心理職は，生活に密着した場所で心理支援を行うこととなる。従来のいわゆる非日常の時間や空間の枠に守られた心理療法やカウンセリングなどのアプローチとは異なり，日常生活の影響をいや応なしに受けることとなる。その中で，生活空間と隣り合わせの時間・空間での心理支援の新たなアプローチを模索していくこととなる。坪井（2008）は，施設での心理職が常勤化していく際のいくつかの課題に言及している。非常勤での勤務の場合は，日常生活の責任から外れているため，非日常性を保った心理療法を行いやすいと言える。しかし，常勤の場合は，日常生活業務にかかわることが増えるだろうと予想している。これは日常生活そのものをセラピューティックに扱うという本来の環境療法的な観点からは望ましいとも考えられるが，現実的に人手不足の施設などでは日常の業務に追われてしま

う恐れもあるとしている。常勤化していく中で，従来の心理職の枠組みにとらわれず，「生活を支える」視点での援助がますます重要になってくるだろうと述べている。

　また，福祉領域は先に述べたように他の領域と重なり合っている部分が大きい領域であり，支援の対象者に多くの他職種が関わっている。そのため，心理支援を行う際にも，他職種との連携が重要となる。

　例えば，虐待を受けた要保護児童が児童養護施設に入所してきたと仮定する。施設の心理職の場合，施設内で子どものケアにあたるケアワーカー（指導員や保育士等）と協働するのは当然のことである。さらに，児童相談所職員（児童心理司や児童福祉司など）との連携も必須である。もし担当する子どもが虐待等によってさまざまなトラウマ体験を抱えているとしたら，医療的なケアが必要となるかもしれない。また，子どもが通う幼稚園や学校の先生方とも連携が必要になってくる。一人の子どもをめぐって，これだけ多くの関係者との連携が必要となるのである。また，公認心理師としても，施設の心理職，児童相談所の児童心理司，病院勤務の心理職，さらに学校のスクールカウンセラーとしてなど，さまざまな立場で一人の子どもにかかわる可能性がある。

　このように専門職同士の連携と，ケースマネジメント（誰がキーパーソンになるのか，どのように役割分担するのか）の能力も求められるのである。

（3）予防的視点からのアプローチ

　福祉領域における心理支援のアプローチとして，現在起きている問題の解決のみならず，予防的な視点からの取り組みの重要性もあげられる。

　児童福祉の分野で言うと，望まない妊娠は虐待のハイリスクの一つである。これを防ぐためには，妊娠・出産をめぐる正しい知識の啓発な

ど，若年層への性教育が必要になってくる。また，妊娠中から出産・子育て期の切れ目のない支援は，産後うつの早期発見や，虐待ハイリスク家庭の早期発見にもつながる。早めの介入によって，リスク要因を取り除いたり，地域での孤立化を防いだりして，子育てのサポートを得られるようにしていくことで，適切な子どもの発達支援や虐待防止の観点からも非常に大きな役割を担うことになる。公認心理師だけでなく，地域の子育て支援にかかわる多職種と連動することが，このような予防的なアプローチの際にも重要であろう。

　また自殺予防対策は，自殺対策基本法（平成18年法律第85号）および2017（平成29）年の自殺総合対策大綱により国をあげて進められてきている。適切な精神保健医療福祉サービスが受けられるようにすること，心の健康を支援する環境整備と心の健康づくりの推進など，重点施策が掲げられている。SOSの出し方についての教育や，いじめによる自殺の予防，労働者のメンタルヘルスにかかわることなど，取り組むべきさまざまな問題があげられている。これらはすべて公認心理師がそれぞれの領域で関わっていく課題でもある。

　ほかにも近年，地震や台風，水害など，相次いで起きている大規模自然災害や，事件・事故などの際に，心のケアの重要性が増している。特に地震対策に関しては，建物の耐震強化や，水・食料などの生活に必要な物資の備蓄などの対策が進んできている。しかしこのようなハード面だけでなく，心理面でも備えをしておくことで，実際に被害にあった時のダメージを少なくすることができるとする「心の減災」（窪田・松本・森田，2016）という考え方がある。災害後には，大切なものを失う悲しみや，避難所などでの不自由な生活を強いられる可能性が高く，生活面も含め，福祉的なニーズが増えてくると考えられる。したがって，災害の起きていない平時から，「心の減災」についての心理教育を進めてお

くことも，予防的アプローチとして重要であろう。

　このように，さまざまな領域や分野で，早期介入や早期支援を行うための，事前の心理教育や，予防的アプローチの重要性が増している。特に福祉領域は，人々の生活にかかわる面が大きいだけに，公認心理師としても，今起きている問題への対応だけでなく，今後起きるかもしれない事態に対して，事前の備えや心理教育などについても研鑽を積んでおく必要があると言えるだろう。

2.　福祉心理学のさまざまな分野

　福祉領域における心理支援はさまざまな分野で行われている。かなり多岐にわたっている中で，ここでは主に児童福祉，障害者福祉，高齢者福祉を取り上げて紹介する。

（1）児童福祉

　児童福祉の分野では，児童虐待への対応，子どもの貧困の問題，子育て支援などが現代の重要な課題としてあげられる。

　1989（平成元）年の第44回国連総会において「児童の権利に関する条約（子どもの権利条約）」が採択され，1990（平成2）年に発効した。日本はこの条約に1994（平成6）年に批准している。この条約の締結国は，児童に関するすべての措置を取るにあたって「児童の最善の利益」を考慮することとなっている。この条約に批准したことによって，わが国でも子どもの権利擁護（アドボカシー）が重視されるようになった。

　児童福祉法は，1947（昭和22）年に制定された児童の福祉を保障するための法律である。これまでに何回も改正がなされていり，2016（平成28）年改正では子どもの権利が強調されている。第1条に児童の福祉を保障するための原理，第2条に児童育成の責任，第3条に原理の尊重

表2-1　児童福祉施設の一覧

条文	施設名
第36条	助産施設
第37条	乳児院
第38条	母子生活支援施設
第39条	保育所
第39条の2	幼保連携型認定こども園
第40条	児童厚生施設
第41条	児童養護施設
第42条	障害児入所施設
第43条	児童発達支援センター
第43条の2	児童心理治療施設
第44条	児童自立支援施設
第44条の2	児童家庭支援センター

（出典：「児童福祉法」）

が述べられている。第7条には児童福祉施設として，表2-1にあげたものが示されている。

　なお，「児童心理治療施設」は2017（平成29）年4月に「情緒障害児短期治療施設」から名称変更されたものである。児童福祉法第25条に，要保護児童を発見したものは，市町村，都道府県の設置する福祉事務所もしくは児童相談所に直接又は児童委員を介して通告しなければならない，と定められている（要保護児童発見者の通告義務）。要保護児童とは，保護者のない児童や，保護者に監護させることが適当でない児童のことである。具体的には，虐待などの不適切な養育を受けている子どもや，非行や虞犯の子どもたちを指す。このような要保護児童を公的責任で社会的に養育し，保護することを社会的養育（養護）といい，養育に大きな困難を抱える家庭への支援も行う。児童虐待に関しては，「児童虐待の防止等に関する法律」（児童虐待防止法）が2000（平成12）年に

制定されており，その内容をよく知っておく必要がある。児童虐待については，別の章で詳しく述べるので参照していただきたい。

　児童福祉を公的機関として担う児童相談所の仕事は，第二次世界大戦後の戦災孤児への対応など，養護に欠ける児童の保護から始まり，不登校への対応，発達障害児への対応，児童虐待への対応と，時代とともに変化してきている。公認心理師は児童相談所においては，主に児童心理司等として働く可能性が高い。現代の児童相談所は，児童虐待だけでなく，子どものしつけの問題から，養育困難な家庭への対応，不登校，非行など，子どもをめぐるさまざまな問題への支援にかかわる立場にあると言える。

　平成27（2015）年度から始まっている「健やか親子21（第2次）」では，切れ目のない親子支援が掲げられており，児童福祉の分野では，母子保健とも連動して，妊娠前から出産後，子育て期を通した支援が望まれる。今後，公認心理師は公的機関だけでなく，民間（NPOなども含む）の子育て支援機関や相談機関など，児童福祉のさまざまな現場で働く可能性があるため，福祉制度についても十分理解しておく必要があるだろう。

（2）障害者福祉

　「障害」の概念は時代とともに変容し，複雑化しつつある。単に生物学的視点のみならず，歴史的，文化的，社会的な視点から幅広く考えることが必要である。障害の捉え方については，2001（平成13）年に，WHO（世界保健機関）による医学モデルから心理・社会モデルへ考え方の変化があった。これは国際生活機能分類（ICF：International Classification of Functioning, Disability and Health）と言われるものである。それまでの国際障害分類（1980年採択，ICIDH：International

Classification of Impairments, Disabilities and Handicaps）の改訂版として採択されたものである。健康状態，心身機能，障害の状態を相互影響関係および独立項目として分類し，当事者の視点による生活の包括的・中立的記述を狙いとする医療基準である。

　わが国の障害者施策については，すべての国民が障害の有無によって分け隔てられることなく，相互に人格と個性を尊重し合いながら共生する社会を実現することが重要であるとして，「障害者基本法」（昭和54年法律第84号）に基づき策定された「障害者基本計画」に即して，障害者の自立および社会参加の支援等のための施策が行われている。現在は平成30（2018）年度から5年計画の第4次障害者基本計画が進められている。共生社会の実現に向け，障害者が，自らの決定に基づき社会のあらゆる活動に参加し，その能力を最大限発揮して自己実現できるよう支援するという理念が掲げられている。

　「障害者の日常生活及び社会生活を総合的に支援するための法律」（以下，障害者総合支援法という）は，従来施行されていた障害者自立支援法の問題点を改正する形で2013（平成25）年4月に施行された。さらに2018（平成30）年に，障害のある人が住み慣れた地域で生活するために必要な支援を強化する目的で改正されている。障害者総合支援法による福祉サービスは，自立支援給付と地域生活支援事業の2つに大きく分けられる。自立支援給付とは，障害のある人が通所，入所などの形で福祉サービスを利用した際に，行政が費用の一部を負担するものである。2018年の改正で「自立生活援助」と「就労定着支援」が新設された。

　また，2013年の障害者雇用促進法の改正により，精神障害者の雇用義務化および，2018年4月からの障害者全体における法定雇用率の引き上げなどが行われた。2016（平成28）年4月1日から「障害者差別解消法」が施行された。行政機関等および事業者に対して，障害者から社会

的障壁の除去を必要としている旨の意思の表明があった場合において，その実施にともなう負担が過重でないときは，障害者の権利利益を侵害することとならないよう，社会的障壁の除去の実施について，必要かつ合理的な配慮を行うことを求めている。

　精神障害者や知的障害者などの地域移行（病院や施設で地域から離れて生活するのではなく，グループホームなどを利用して地域の中での生活に移行すること）が進められるようになっている。

　公認心理師には，障害者の能力および心理状態のアセスメントを行うこと，個々の特性に応じた支援を行うことが求められる。本人の意思を尊重しながら，生活面も含め，生きやすさを考慮した支援を考えるためには福祉現場の方々との協働が重要となるであろう。

（3）高齢者福祉

　内閣府の平成30（2018）年度版高齢社会白書によると，わが国の総人口は，2017（平成29）年10月1日現在，1億2,671万人であるが，そのうち65歳以上の人口は，3,515万人となり，総人口に占める割合（高齢化率）も27.7％となった。65歳以上人口は，1950（昭和25）年には総人口の5％に満たなかったが，1970（昭和45）年に7％を超え，さらに，1994（平成6）年には14％を超えた。高齢化率はその後も上昇を続け，27.7％となったのである。

　日常生活に制限のない期間（健康寿命）は，2016（平成28）年時点で男性が72.14年，女性が74.79年となっており，それぞれ2010（平成22）年と比べて延びている（2010年→2016年：男性1.72年，女性1.17年）。さらに，同期間における健康寿命の延びは，平均寿命の延び（2010年→2016年：男性1.43年，女性0.84年）を上回っている。60歳以上の者の社会活動の状況について見ると，60歳〜69歳では71.9％，

70歳以上では47.5％の者が働いているか，またはボランティア活動，地域社会活動（町内会，地域行事など），趣味やおけいこ事を行っている。このように健康で長生きできる高齢者も増えている。

　一方，65〜74歳と75歳以上の被保険者について，それぞれ要支援，要介護の認定を受けた人の割合を見ると，65〜74歳で要支援の認定を受けた人は1.4％，要介護の認定を受けた人が2.9％であるのに対して，75歳以上では要支援の認定を受けた人は9.0％，要介護の認定を受けた人は23.5％となっており，75歳以上になると要介護の認定を受ける人の割合が大きく上昇する。要介護者等について，介護が必要になった主な原因について見ると，「認知症」が18.7％と最も多く，次いで，「脳血管疾患（脳卒中）」15.1％，「高齢による衰弱」13.8％，「骨折・転倒」12.5％となっている。要介護者等から見た主な介護者の続柄については，6割弱が同居している人が主な介護者となっている。その主な内訳を見ると，配偶者が25.2％，子が21.8％，子の配偶者が9.7％となっている。また，性別については，男性が34.0％，女性が66.0％と女性が多くなっている。要介護者等と同居している主な介護者の年齢について見ると，男性では70.1％，女性では69.9％が60歳以上であり，いわゆる「老老介護」のケースも相当数存在していることがわかる。

　国の高齢者支援の施策としては，1963（昭和38）年に制定された老人福祉法により長らく高齢者の福祉が行われてきた。その後，介護保険法が1997（平成9）年に制定され，2000（平成12）年から施行された。これは，加齢による心身の疾病などで介護や支援が必要になった人が，その能力に応じて自立した日常生活を営むために必要な保健医療サービス・福祉サービスを受けられるよう，国民の共同連帯による介護保険制度を設け，介護保険料の徴収，給付の条件や給付サービスなどの詳細を定めたものである。介護保険制度の普及，活用が進む中，一方では高齢

者に対する身体的・心理的虐待，介護や世話の放棄・放任等が，家庭や介護施設などで表面化し，社会的な問題となっている。それを受けて，2005（平成17）年11月に国会において「高齢者に対する虐待の防止，高齢者の養護者に対する支援等に関する法律」（以下，「高齢者虐待防止法」）が議員立法で成立し，2006（平成18）年4月1日から施行されることとなった。介護の負担が大きいことにより高齢者の虐待につながると考えられるため，福祉サービスなどの地域資源を活用していくとともに，介護者への心理的支援も重要となるだろう。

　厚生労働省においては，団塊の世代が75歳以上となる2025（令和7）年を目途に，高齢者の尊厳の保持と自立生活の支援の目的のもとで，可能な限り住み慣れた地域で，自分らしい暮らしを人生の最期まで続けることができるよう，地域の包括的な支援・サービス提供体制（地域包括ケアシステム）の構築を推進している。さらに，新たに「認知症施策推進総合戦略〜認知症高齢者等にやさしい地域づくりに向けて〜」（新オレンジプラン）を関係府省庁と共同で策定した（2015年1月27日）。認知症の容態に応じた適時・適切な医療・介護等の提供として，以下の7つをあげているので抜粋して紹介する。

①本人主体の医療・介護等の徹底：認知症の人がもつ力を最大限に活かしながら，地域社会の中でなじみの暮らしや関係が継続できるように支援していくことは，本人主体の医療・介護等の原則，基本理念である。そのことを，改めて認知症の医療・介護等に携わるすべての者が共有し，医療・介護等の質の向上を図っていく。
②発症予防の推進：運動，口腔機能の向上，趣味活動など日常生活における取組が認知機能低下の予防に繋がる可能性が高いことを踏まえ，住民主体の運営によるサロンなど地域の実情に応じた取組を推進して

いく。

③早期診断・早期対応のための体制整備：かかりつけ医の認知症対応力
　向上のための研修や，認知症サポート医の養成を一層推進する。

④行動・心理症状（BPSD）や身体合併症への適切な対応：早期診断と
　本人主体の医療・介護等を通じて行動・心理症状（BPSD）の予防を
　図り，BPSDが見られた場合にも，的確なアセスメントを行い，薬に
　よらない対応を第一選択とすることを原則とする。行動・心理症状
　（BPSD）とは，認知症の主な症状である記憶障害等の進展と関連し
　ながら，身体的要因や環境要因等が関わって現れる，抑うつ・興奮・
　徘徊・妄想などの症状のことをいう。

⑤認知症の人の生活を支える介護の提供：各自治体の介護保険事業計画
　及び介護保険事業支援計画に沿って，介護サービス基盤の整備を進
　める。

⑥人生の最終段階を支える医療・介護等の提供：人生の最終段階におい
　ても，本人の尊厳が尊重された医療・介護等が提供されるよう，その
　在り方について検討を進める。

⑦医療・介護等の有機的な連携の推進：地域ごとに「認知症ケアパス」
　を確立し，認知症の人やその家族，医療・介護関係者等の間で共有さ
　れ，サービスが切れ目なく提供されるようにその活用を推進する。

　高齢者福祉における心理支援は認知症の方だけにとどまらないが，上
記で示したように，早期発見のための認知機能のアセスメントは近年，
需要が大きくなっている。早期に発見することで早期からの治療や対応
が可能になるため，今後も公認心理師への要請は増えると言えるだ
ろう。

　高齢者福祉の現場では，高齢者本人への支援のみならず，高齢者を支

え，介護をする家族や，在宅介護を支えるデイサービスのスタッフ，ヘルパーや，高齢者の入所する老人福祉施設等のスタッフへの心理支援も重要である。今後も高齢社会は続くと予測されている。尊厳を保ちながら，いかに充実した老後を生きていけるのか，そこに公認心理師がどのようにかかわれるのかについては，これからも継続する課題である。

3. まとめ

福祉領域での心理支援の分野，対象者，アプローチが多岐にわたることが理解できただろう。特に，支援の対象者については，障害のある方や「要保護児童」，「要介護者」など，保護や介護を必要とする方々であり，いわゆる弱者と言われる方々が多いと言える。その中には自ら支援を求めることができない方々もいる。したがって，われわれ公認心理師は支援者として，さまざまな福祉制度を活用しながら，積極的にアプローチをしていくことが求められる。その際，気を付けなければならないのは，支援を受ける方々を受け身にさせすぎていないか，ということである。本人の尊厳を大切にし，意思を尊重することは，どのような場合においても重視されるべきことである。その上で，支援を受ける方々の主体性を損なわないように常に意識し，支援の押しつけにならないように肝に銘じながら，支援にあたることが大切である。

引用・参考文献

児童福祉法（2019）．『児童福祉六法（平成31年版）』中央法規出版社
厚生労働省（2015）．認知症高齢者等にやさしい地域づくりに向けて，（概要）認知症施策推進総合戦略（新オレンジプラン）
https://www.mhlw.go.jp/file/06-Seisakujouhou-12300000-Roukenkyoku/nop1-2_3.pdf（2020年2月20日アクセス）

厚生労働省（2017）．自殺総合対策大綱〜誰も自殺に追い込まれることのない社会
の実現を目指して〜，平成29年7月25日閣議決定
https://www.mhlw.go.jp/stf/seisakunitsuite/bunya/hukushi_kaigo/
seikatsuhogo/jisatsu/taikou_h290725.html（2020年2月25日アクセス）

厚生労働省（2019）．児童虐待防止対策の強化を図るための児童福祉法の一部を改
正する法律（令和元年法律第46号）の概要，http://www.moj.go.jp/
content/001301546.pdf（2019年10月27日アクセス）

厚生労働省（2020）．障害者福祉
https://www.mhlw.go.jp/stf/seisakunitsuite/bunya/hukushi_kaigo/
shougaishahukushi/index.html（2020年2月20日アクセス）

窪田由紀・松本真理子・森田美弥子編（2016）．『災害に備える心理教育』ミネル
ヴァ書房

内閣府（2019）．平成30年版高齢社会白書，第1章 高齢化の状況，https://www8.
cao.go.jp/kourei/whitepaper/w-2018/html/zenbun/s1_1_1.html（2020年2月20
日アクセス）

内閣府（2020）．障害者施策の総合的な推進−基本的枠組み−，https://www8.cao.
go.jp/shougai/suishin/wakugumi.html（2020年2月20日アクセス）

坪井裕子（2008）．児童養護施設における臨床心理士の役割と課題．人間環境大学
紀要「こころとことば」．7．47-59

3 | 福祉領域における心理支援の課題 ―専門的援助からつながりの中での臨床へ―

下川昭夫

《目標＆ポイント》 福祉領域では治療同盟を結ぶことが難しい当事者も多く，従来の心理臨床的な専門的援助が作れないことも多い。つながりの中でのコミュニティ臨床の考え方を論じる。
《キーワード》 つながりの中での心理臨床，コミュニケーション支援，治療（作業）同盟，コミュニティ臨床

1. 心理臨床にとっての福祉領域の特殊性

　平成29年度から公認心理師制度が施行され，翌年には心理学分野で初めてとなる国家試験が実施された。また平成29年度以降の大学入学者に対して，受験資格取得のための科目・実習が義務づけられ，本科目の福祉心理学もその一つである。しかしながら，近年になって研究されはじめてきた分野（北村，2008）のため，まだ十分には体系化されていない。標準社会福祉用語事典（中村ら，2010）によると，社会福祉とは基本的人権，とりわけ生存権の保障を旨として，以前は生活困窮者や心身障害者など弱者対策の限定的社会事業として考えられていたが，現在では全国民を対象に一般的な生活問題の解決を目指す取り組みに変わってきている。また関連施設をあげると，児童・老人福祉施設や身体・知的・精神などの障害者施設・障害者支援施設などがあり，主な対象者も幅広く，児童・高齢者・身体／知的／精神／発達障害者（児）などの心理的支援を考えるのが福祉心理学の主な役割となる。

　まず児童領域では「児童福祉法」が福祉の保障の観点から，児童相談所・児童福祉施設等の設置を義務づけている。公認心理師の仕事としてはアセスメントとともに，心理の専門家の観点から心身の健やかな成長・発達や自立への寄与が求められるであろう。高齢者領域では「老人福祉法」が基本となり，「介護保険法」や「医療介護総合確保推進法」などがある。前者は居宅サービス・老人デイサービスや特別養護老人ホーム・介護老人保健施設などでの介護が受けられ，後者では，地域の実情に応じて，高齢者が，住み慣れた地域で能力に応じた自立した日常生活を営むことができるよう，支援が包括的に確保される体制として「地域包括ケアシステム」の構築が目指されている。これらの特別養護老人ホームや介護老人保健施設などでは既に心理職が働いており，認知症高齢者などへはカウンセリングという観点よりも，アセスメントや介護職員などへのコンサルテーション，認知症家族に対するサポートグループなどを通じた支援が行われている。また地域の支援体制の一環として，今後は心理職のアウトリーチも多く求められるようになるであろう。障害者（児）領域では「障害者基本法」が基本となり，「障害者総合支援法」「障害者差別解消法」などで介護から就労移行支援・就労継続支援施設，発達障害者支援センターなどがあり，社会的障壁の除去とともに関係機関との有機的連携が必要とされている。心理職に対してはアセスメントやカウンセリングのみならず，デイケアや就労支援などを通じて，支援者やその周辺への日常的サポートなどのニーズがある。

　福祉領域は多岐にわたり，心理支援の対象者も児童・高齢者・障害者（児）と幅広く，数多い。心理査定や心理面接を中心とした従来の心理臨床アプローチを前提とすると，相談室という場が必要であり，そこに当事者に出向いてきてもらい，心理査定や心理面接を心理職とともに行おうという治療（作業）同盟に基づいたアプローチが不可欠である。し

かしながら相談室は敷居が高く，目に見えにくい目標に向かって治療（作業）同盟を結ぶことは，かなりの動機や問題意識，理解力が必要となるが，福祉的支援の対象者は幅広く，必ずしもそこまで至らない当事者も数多いと考えられる。例えば児童福祉施設に入所している児童は心理面接などの仕組みがあれば面接室に出向くことは可能であるが，虐待対応などでコミュニティでの福祉を担っている子ども家庭支援センターなどでは，そもそもセンターまで足を運んでもらうことが難しい場合も多く，支援に向けたつながりを作ることはさらに困難である（下川ら，2010）。認知症高齢者は中等度でも心理査定や心理面接にのることが難しいが，それ以上に援助要請が本人からほとんど出されないことも数多くある。障害で困難さを感じている児童も保護者が必要性を感じなければ相談室に足を踏み入れることもないかもしれない。逆に言うと，福祉領域では相談室を中心とした心理支援の対象者と，相談室には現れないが心理支援が必要かもしれない対象者とは異なるアプローチを考える必要があるのではないだろうか。そのため心理臨床における福祉領域の特殊性は，治療（作業）同盟を結び，心理職のクライエントとして援助や支援につないでいく以前の課題に取り組む必要がある点である。

2. 心理支援の中核にある治療（作業）同盟の重要性

　心理査定や心理面接，臨床心理学的地域援助といった，心理職が行う専門的援助は何をしているのであろうか。まず心理査定ではWAISIVやWISCIVといった知能検査や，YG検査・TEG検査といった質問紙法，ロールシャッハテスト・TATといった投影法などによるパーソナリティ検査などを行うことが多い。その場合，クライエントが検査に十分関与できていなければ，結果はクライエントの知的状態や心理状態を適切に反映できない。そのため事前の十分な説明と，クライエントの納得の上での関

与，事後のクライエントや関係者へのわかりやすいフィードバックなど，一連のプロセスが重要になる。その中でも特に，検査者とクライエントが治療（作業）同盟を十分結べ，クライエントの十分な関与が得られるかどうかが大きなポイントとなる。また心理面接でも，精神分析的心理療法や認知行動療法といった個々の具体的なアプローチ方法とその成果以前に，クライエントが心理面接に真剣に取り組もうとする気持ちと，それを支える治療（作業）同盟が十分作られていることが不可欠である。

　ここで検査者や面接者とクライエントとのあいだで結ばれる治療（作業）同盟とはどのようなものであろうか。ジョーンズ（Jones, 2000）は広義の治療同盟を「患者と治療者が協力して作業し信頼の絆を形成した程度」とし，狭義の治療同盟を「治療の課題と目標についての合意」としている。また葛西（2006）は治療同盟の下位尺度として目標の一致・課題の一致・情緒的絆をあげており，クライエントに初期段階で目標・方法・枠組みを十分に説明する重要性を指摘している。境界例のクライエントとの不安定な治療同盟の維持について皆川（1986），三木（1999），白波瀬（2007）もさまざまなアイデアを提案している。また下山（1994）も関係性の障害で治療同盟形成が難しい場合が多いアパシーや境界例への援助法として「つなぎ」モデルを提示している。このように心理的援助では，治療同盟が不安定になった場合，どう安定させていくかという問題意識はあるものの，それなしに心理査定や心理面接といった専門的援助を行う考え方はあり得ないのではないだろうか。それほど心理臨床における専門的援助にとって治療同盟をしっかり結ぶことは重要なことである。また心理査定や心理面接などでは治療同盟を使うが，地域支援などでは治療という学術用語は不適切なので，しばしば作業同盟を用いる。本章では両者を合わせて治療（作業）同盟とする。

　一方，福祉領域における心理臨床として最も取り上げられる臨床心理

学的地域援助ではどうであろう。先行研究で事例として取り上げられているものは，学校におけるスクールカウンセリング，児童養護施設における生活臨床，地域における子育て支援，子ども家庭支援センターにおける児童虐待対応，特別養護老人ホームにおける認知症高齢者支援など，コンサルテーションにしろ，危機介入にしろ，心理教育にしろ，実際の支援は支援者と被支援者とのあいだに治療（作業）同盟が作られた後のものが多い。逆に被支援者との治療（作業）同盟を問題にしないのであれば，支援者側の一方的な支援構造を提供するだけになる。この支援構造にのれる当事者は心理的支援の対象になるが，のれない当事者は支援対象として取り上げられないだけでなく，どのように考えていったらよいのか支援者としての心理職の問題意識にも上っていかないことも多いのではないだろうか。

　先に取り上げた境界例などの先行研究にもあるように，治療契約を結びながらも治療（作業）同盟の希薄なクライエントに心理支援を行う難しさは，さまざまな支援アプローチを検討する余地があるが，例えば躾（しつけ）が必要だと思っている児童虐待の保護者，教室内で困っている自閉スペクトラム症をもつ児童，徘徊（はいかい）や暴言暴力などが見られる認知症高齢者，といった心理職と必ずしも治療（作業）同盟を結ぶまでに至らない福祉領域の幅広い当事者を対象として専門的援助を考える場合，アセスメントやカウンセリングを中心とした従来の心理的援助の考え方ではできる範囲が限定されてしまい，当事者が必要としていることには手が届かないことも多い。ここで心理支援の本質を問い直し，新たなアプローチの考え方を作り直す必要があると考えられる。

3. コミュニケーション支援の視点：治療（作業）同盟 が作りにくい当事者への心理支援

　このように治療（作業）同盟を結びにくい当事者への支援は，福祉領域ではどのように考えられているのであろうか。ソーシャルワークの発展においてジョンソンとヤンカ（Johnson & Yanca, 2001）は20世紀初頭，医学モデルを援用したアセスメントの最初の枠組みが展開されていたとしている。その後，処遇（治療）といった医学的概念から介入の概念が発展し，クライエントは正常な社会基準から逸脱しているため，その適応を助けることが目的とされていた。戦前戦後にはケースワークが調査・診断・処遇のプロセスと概念化され，診断主義アプローチ（心理社会アプローチ）とされた。一方で機能主義アプローチが発展し，クライエントは逸脱者ではなく，サービスを求めている人と考える，ワーカーとクライエントがともに作業する共通基盤が重視されるようになった。またグループワークとコミュニティ・オーガナイゼーションもソーシャルワークの手法として認められるようになった。近年，問題解決アプローチと人と環境との適合を考えるエコロジカルな視点や，成長や変化を促進する強みに焦点を当てたエコシステム・ストレングス・アプローチが提案されてきている。これらを統合し，当事者のニーズに合わせてこれらを使いこなしていくジェネラリスト・ソーシャルワークの考え方が提唱されている。そのため当事者と交互作用している複数の関係者の「関係性への介入」が目標になってくる。

　下川ら（2007）は小学校保護者に対するグループワークを通じ，その前後で保護者の変化を報告している。グループワーク前の参加動機インタビューでは，参加者の主な参加動機はほぼ共通し，「子どもを変えていくには自分がどのように関わったらよいか」というもので，その結果，

親子関係で行き詰まっていた。これを「親子におけるコミュニケーションの停滞」と指摘している。これは母親が自分の養育態度をどのように変えたら子どもの行動が変化するのかという固定的・直接操作的な視点である。一方，グループワーク後のインタビューでは，子どもや自分自身に対する見方，考え方が変化したというものが大半であった。この変化はほかの参加者の発言によって考えたり，それをヒントに家で子どもに実際に応用してみて，別の視点からの子育てを見ることに繰り返し気付いたことから起こっている。その結果，子どもや家族に対する接し方が自然と変化し，また一部は子どもや夫の接し方の変化も感じられ，結果として家族のコミュニケーションの在り方までもが変化したというものであった。これを「コミュニケーション不全からの回復」としている。

　また下川・更科（2008）は障害のある子どもを持った保護者が地域でつながりを持ち，セルフヘルプグループを立ち上げ，専門家の応援を受けながら市全体にネットワークを作っていった経緯の聞き取りを行っている。中心となった保護者たちは初めは子どもに対する直接的な支援を作ることを考えていたが，徐々に視点が広がり，「主体的に関わることで周囲が変わる体験」・「対等な立場での支え合う体験」の重要性に目が向く過程を明らかにしている。ネットワークが広がっていくと多様な参加者が増え，視点が異なり，意見の調整が難しくなっていく。そこに応援隊として参加した専門家の確固たる視点があったことと，「障害のある子どものために」といった最初持っていた自らの視点をあきらめ，「すべての子どものために」といった広いスタンスをとっていく必要性に迫られた苦悩が語られた。このような支援者・被支援者が混在するネットワークでは互いのコミュニケーションによってさまざまなアイデアがインスパイアされ，先のグループワークで見たように，視点が変化してい

く。こういった有機的なネットワークでは心理的な支援・被支援関係の交代体験が頻繁に起こっており、それが自らの子どもの支援に直結しなくても、被支援の立場に置かれ続けている保護者の無力感を変えることが明らかになった。

　これらの先行研究から、福祉領域における「関係性への介入」は心理臨床領域では当事者への「コミュニケーション支援」の視点で考えていくことができるのではないか。大川原（2004）は親子のコミュニケーション不全が子どもたちに易トラウマ性を形成させ、親が子どものネガティブな感情表出を肯定的な文脈で受け取り、適切な語彙を与えることができるよう、コミュニケーション回復の支援が心理職の役割であるとしている。米澤（2004）もまた、子どもに一方的に話しかけたり、言うことをただ聞いているだけでは抜き差しならない2者関係に陥り、本来のコミュニケーションとは言い難いとしている。他者と同じ方向を向き、同じ注意を向けているお互いに気が付き、感情を共有し、相手によって自分が変えられ、自分が相手を変えるコミュニケーションの重要性を指摘している。こうしたコミュニケーションへの支援者としての心理職の役割を強調し、コミュニケーション・コーディネーターとしての重要性を論じている。ロジャーズ（Rogers, 1961/2005）は、心理療法とはクライエント内部での、また他者との、より良いコミュニケーション援助であるとしている。また、集団内のコミュニケーションの断絶や障害は他者の身になって理解する状況を作ることで回避でき、相手にその準備がなくても始められ、集団で最小限の協力があれば、中立的な第三者が始めることも可能としている。当事者と治療（作業）同盟が作りにくい福祉領域でのかかわり方は、当事者の内面とともに関係性へのコミュニケーション支援の視点が必要である。

4．つながりの中での心理臨床：コミュニティ臨床 （下川，2012）の考え方

　こういった治療（作業）同盟を作ることが難しい当事者を含め，さまざまなコミュニティにおける心理支援は，治療（作業）同盟まで至らなくとも，少なくとも当事者とつながりを作ることが必要である。そのプロセスはまず当事者と接点を持つところから始まる。接点を持ってもつながりができたわけではない。下川ら（2010）が子ども家庭支援センターでの研究で指摘しているように，支援が可能になるまでは，当事者とともにある程度の右往左往を経験する必要がある。その中で支援者と当事者のあいだに，治療（作業）同盟の重要な要素である，情緒的絆ができた状態がつながりができた状態である。つながりができると，支援者の視点を当事者が取り入れることができ，当事者が困ったことを相談してきたり，支援者が必要だと思うことを，当事者も必要だと考えるようになる。そうすると支援者もインスパイアされ，支援のためのさまざまなイメージがわき，当事者もどういったことに支援が必要か見えてくるので，互いのコミュニケーションが活発になる。そうすると当事者の課題をめぐって支援者と当事者がいわば役割分担することができるようになる。これが有機的なつながりができた状態である（図3-1）。

　支援者は一人で当事者に必要な全ての支援をまかなうことはできないので，当事者に必要な支援が受けられる別の支援者にもつなぐ必要がある。当事者とつながっていなければ，当事者を必要な支援が受けられる支援者につなぐことが難しい。支援者同士がつながるプロセスも，接点を持ち，右往左往し，つながりができ，コミュニケーションを通じた有機的なつながりができるプロセスは変わりがない。当事者を別の支援者につなぐ場合，ただ紹介すればよいだけではない。当事者と支援者が，

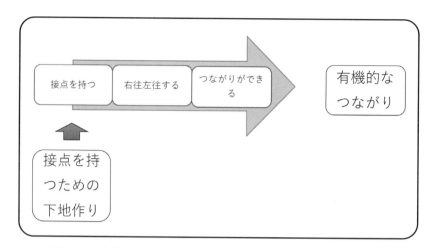

図3-1　当事者と接点を持ち，有機的なつながりができるまで
（接点を持つためにはそれ以前に下地作りが必要であり，当事者と右往左往
しながらつながりができる。そこから双方のコミュニケーションを通じてイ
ンスパイアされる有機的なつながりができていく。）
（出典：下川昭夫編著『コミュニティ臨床への招待─つながりの中での心理臨床』
新曜社）

共につながる意味を考えたり，日頃からどのような支援が必要なのか伝
えたりと，直接・間接的なつなぐための下地づくりが必要である。また
必要な支援が提供できる別の支援者に対しても，同様に直接・間接的な
下地づくりが必要である。これらの下地があって初めて，支援者は当事
者と必要な支援が提供できる別の支援者をつなぐことができる（図3-2）。
　このようにコミュニティのさまざまな支援者とつながっていくと，そ
こに大きなネットワークができてくる。ネットワークは多くの人がアク
セスするハブになる人と，ネットワークにはつながっているが，ほかの
人があまりアクセスしない人とがいる。一度できたネットワークは比較
的堅牢で，ハブになる人以外が移動してもアクセスしやすさはそれほど

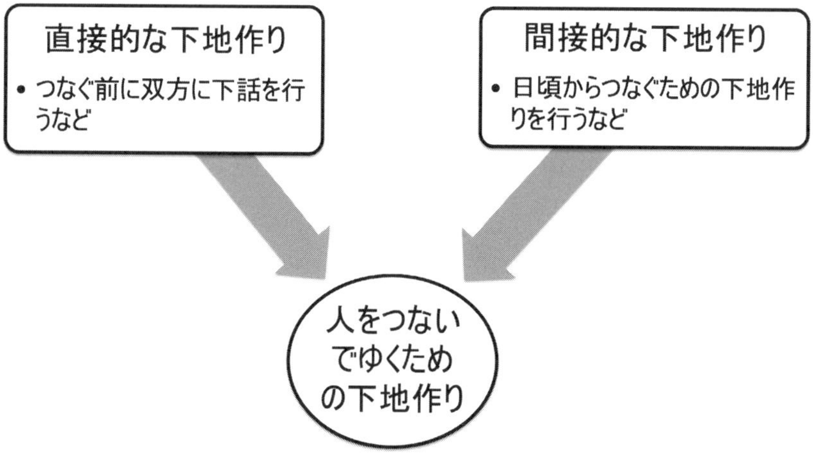

図3-2　当事者と別の支援者をつなぐための下地作り
（双方は単なる紹介だけだとつながっていかない。最初，支援者は双方とつ
ながりを作った後，双方をつなぐ前に，直接的・間接的な下地づくりを行っ
ておく必要がある。）
（出典：下川昭夫編著『コミュニティ臨床への招待─つながりの中での心理臨床』
新曜社）

変わらない。しかしながらハブになる人が移動などでいなくなると，途
端にいろいろな人にアクセスが難しくなる。逆に，ハブになる人が何人
かいると，1人，2人が移動しても堅牢さはある程度維持される。この
ネットワークの中では当事者が仮に必要な支援者を知らなくても，ネッ
トワークをたどっていけば，必要な支援が提供できる支援者にたどり着
くことができる。また支援者が当事者とつながりがなくても，当事者が
ネットワークの誰かにつながっていることはよくあるので，間接的な支
援を行うことが可能である。
　コミュニティの中でこのようなネットワークを作っていくことがコ
ミュニティ臨床（下川編著，2012）の一つの方法である。当事者への支

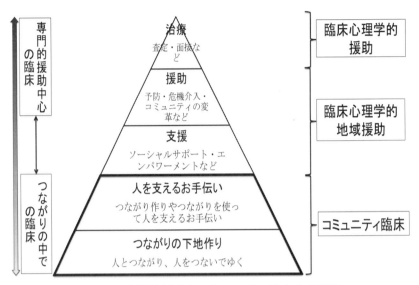

図3-3　専門的援助とコミュニティ臨床との関係

（福祉領域において，福祉心理学は心理的な治療・援助といった専門的援助中心の臨床から，支援・コミュニティ臨床といったつながりの中での心理臨床まで幅広く視野に入れておく用意が求められる。）

（出典：下川昭夫編著『コミュニティ臨床への招待―つながりの中での心理臨床』新曜社）

援の必要性が起こってくる前にネットワークがあれば，支援の必要性が生じても支援方法をいろいろと考えることができる。コミュニティ臨床のもう一つの方法は，つながりを使い当事者が生きやすくなるためのお手伝いである。例えば児童虐待への支援として，学校内でケースを立ち上げ，教職員や通級担任，子ども家庭支援センター相談員や医療関係者と役割分担をしながら長期的に親子の支援を行っていくことができる。また先にあげたように，障害のある子どもの保護者に対するネットワークを使った支援も可能である。なかなかつながりが作れない認知症高齢

者に対し，施設介護者や家族介護者を通じた支援を考えることも可能である。図3-3は専門的援助とコミュニティ臨床との関係性を表したものである。第6章ではそれらのさまざまな具体例を取り上げたい。

5. 専門的援助中心の視点から，つながりの中での コミュニケーション支援の視点へ

　福祉領域の主な対象者への心理職による心理的支援の困難さは3つある。一つは，心理査定や心理療法などの中で治療（作業）同盟が結ばれクライエントとして心理職による心理的課題への支援が行われている中での困難さである。例えば児童養護施設などでの子どもたちの成長に向けた面接やプレイセラピーなどの支援はこのタイプに当たる。ロジャーズ（Rogers, 1961/2005）が指摘するように，これは個人内のコミュニケーション支援に相当する。また一つは，心理職と接点はあるが十分つながりが作れていない当事者に対して支援を行っていく困難さである。例えば発達障害を伴う児童や認知症のある高齢者に対し，クラス場面やデイケアの中でどのように心理的支援を行っていくかというものである。これは支援者が対象者の困難さに共感し，良いやりとりが持てていったり，別の支援者に対象者をつないでいく過程の中でその間のコミュニケーション支援を行っていくことで，つながりを広げていくことができる。

　またもう一つは，養育不調のある家族などで接点すら持てていない当事者に対し，どのようにつながりを作って支援していくかという困難さである。例えば子ども家庭支援センターの相談員が地域のつながりの中で見守りを行いながら，徐々に接点を持ち，つながりを作り，福祉的支援のみならず，心理的支援を行っていく場合がこれに当たる。この場合は，当事者となかなか接点が持てなくても，それ以前にまず地域に大き

なネットワークを作っておくことが可能である。そうすると，そのネットワークの中で当事者と接点やつながりがあり，心理職ともつながりがある人を介して情報がもたらされ，その人につないでもらい，当事者とつながりを作り，必要な支援者につないでいく複雑なプロセスを経ることになる。当事者の課題がそれで劇的に改善するわけではないが，長い支援期間を通じ，当事者を抱える環境を用意し，関係性へのコミュニケーション支援への足がかりを作っていくことができるのではないだろうか。

　以上，心理職にとっての福祉領域の特殊性は，従来の専門的援助を考えることが可能な治療（作業）同盟を結ぶクライエントとは別に，治療（作業）同盟を結びにくいだけでなく接点がほとんど持てない当事者も支援対象として考える必要がある点である。そこで従来の心理臨床としての専門的援助を提供するのは限界があるため，視点を変え，コミュニティ内の当事者とつながっている大小ネットワークに働きかけ，関係性へのコミュニケーション支援を行っていくことが心理職の新しいアプローチになりうるのではないだろうか。このアプローチの課題は従来の専門的援助とは異なり，短期的にはその有効性が目に見えにくい点である。そのため期間を限定した調査研究などに乗りにくい。しかしながら第6章での多くの事例にあるように，エビデンスが得られないわけではない。ただし，そのためには長期間にわたって多様な関係性の変化を追っていく必要があり，その中でコミュニケーション支援の有効性を明らかにしていく必要がある。福祉心理学における心理職は，こうしたつながりの中で当事者の内面のみならず関係性へのコミュニケーション支援へ目を向ける必要性を求められているのではないだろうか。

引用・参考文献

Johnson, L.C. & Yanca, S.J.（2001）.*Social Work Practice*：*a generalist approach*（7th ed）. Boston：Allyn & Bacon.（L.C.ジョンソン・S.J.ヤンカ/山辺朗子・岩間伸之訳（2004）.『ジェネラリスト・ソーシャルワーク』ミネルヴァ書房）

Jones, E.E.（2000）.*Therapeutic action*：*a guide to psychoanalytic therapy*. Northvale, NJ：J. Aronson.（E.E.ジョーンズ/守屋直樹・皆川邦直（監訳）.（2004）.『治療作用：精神分析的精神療法の手引き』岩崎学術出版社）

葛西真記子（2006）.セラピスト訓練における治療同盟，面接評価，応答意図に関する実証的研究.心理臨床学研究.24.87-98

北村由美（2008）.福祉領域における臨床心理学の必要性：福祉臨床心理学の構築にむけて.関西大学社会学部紀要.39（3）.17-27

中村磐男・池弘子・牛津信忠・助川征雄・山口圭/監修（2010）.『標準社会福祉用語事典（第2版）』株式会社秀和システム

三木都（1999）.治療初期における治療者の機能：青年期女子境界例の治療から.精神分析研究.43.80-82

皆川邦直（1986）.プレエディパル心性と青春期：比喩の使用と治療同盟の形成―転移のパラダイムを巡って―.精神分析研究.30.83-92

大河原美以（2004）.親子のコミュニケーション不全が子どもの感情の発達に与える影響：「良い子がきれる」現象に関する試論.カウンセリング研究.37.180-190

Rogers, C.R.（1961）.*On becoming a person*：*A therapist's view of psychotherapy*. Boston：Houghton Mifflin.（諸富祥彦・末武康弘・保坂亨訳（2005）.『ロジャーズが語る自己実現の道』岩崎学術出版社）

下川昭夫・田附あえか・塩谷隼平・大塚斉（2007）.小学校における子育て支援の効果について―コミュニケーション不全からの回復のための支援とは―.首都大学東京　東京都立大学人文学報.380.89-113

下川昭夫・更科友美（2008）.自己組織化する有機的な「地域ネットワーク」が構成される要因について―「ママ♪ねっとわーく」における「有機的なつながり」と「共通の視点」の意味.中田行重編「平成17年度から19年度科学研究費補助金研究成果報告書：大学を拠点とする地域臨床心理学の展開に関する研究―地域ニーズにあった柔軟な実践および教育のあり方を求めて―」.157-170

下川昭夫・松井利恵・萩谷克子・大八木慶子・大八木淳史（2010）．子ども家庭支援センターにおける相談員の役割と課題について―相談員による子どもや家庭とのつながりづくりが基本―．首都大学東京　東京都立大学人文学報．425．31-60

下川昭夫編著（2012）．『コミュニティ臨床への招待―つながりの中での心理臨床』新曜社

下山晴彦（1994）．「つなぎ」モデルによるスチューデント・アパシーの援助：「悩めない」ことを巡って．心理臨床学研究．12．1-13

白波瀬丈一郎（2007）．“試してみる”というアプローチ．臨床精神医学．36．1439-1443

渡邊洋平（2016）．児童養護施設における心理職の専門性についての文献的検討．北星学園大学大学院論集．7．131-139

米澤好史（2004）．子育てと子育て支援のあり方に関する心理学的考察．和歌山大学教育学部教育実践総合センター紀要．14．113-122

4 │ 多職種連携に基づく支援

村松健司

《**目標＆ポイント**》 連携・協働とは，対話，相互理解，相互尊重からなるダイナミックな相互作用である。私たちは，連携・協働から，要支援者に安全な環境（ネットワーク）を提供するだけでなく，自らの専門性を深めていくことができる。しかし，連携・協働はただ協力し合うだけでなく，そこで生じる「葛藤」をマネジメントしていくことが求められる。「異質性」を基盤として，問題を「異化」する試みを通じて葛藤をマネジメントし，援助チームの機能が強化されていくことを理解する。
《**キーワード**》 連携・協働，安定した環境，葛藤マネジメント

1．福祉における多職種連携の意義

（1）人が生きる環境とは

　精神分析家のアルヴェルツ（Alvarez, 1992）によれば，「剥奪児」はこころの中に自分でない対象のイメージを所有することができず，それゆえ彼らにとって必要なのは，「不在になりうる対象の特性ではなく，戻ってくる対象の特性や対象を戻ってこさせることのできる自分の力について学ぶ」ことであるという。つまり虐待などで傷ついた子どもたちは，「自分はどんなときも人を頼ってよいし，その相手は自分を拒否しない」という自分に対する「価値」と「つながり」を見いだしていく必要がある。

　この「価値」と自分にとって重要な人との「つながり」を保障する概

念がビオン（Bion, 1962）のcontainであろう。子どものさまざまなマイナスな感情は，大人によって無害化され，子どもとの関係を維持できるものに変換される。この一連の営みがcontain（包み込む）こと，すなわち排除しないことと，その在り方としてのcontainer（容器）であるという。container（容器）は日本語になりにくいが，「子どものすべての心の動きを包み込む安心できる環境」と考えられる。こういった環境への信頼がなければ，私たちは安心して生活していくことができない。

（2）環境が安定していること

　私たちにとっての「環境」で最も身近なものは家族であろう。そして，健康な家族システムとは「家族内外の変化や不変化の力を上手く調整し，危機を乗り越えてきたシステムのこと」（平木，2006）であるという。たとえ子どもに問題が生じても，家族のシステムが柔軟に機能するなら，やがて家族を安全基地として子どもは自立的な活動に戻っていく。家族という子どもにとっての重要な「環境」は，このように子どもの危機を吸収する機能を備えている。

　しかし，家族であるからこそ，修復が難しい関係に陥ることもある。内閣府（2019）によれば，15〜39歳の推計約54万人，40〜64歳の推計約61万人と合わせて，約100万人（7割以上が男性）以上がひきこもりの状態にあるという。「8050問題」という指摘もあるように，高齢の親が中年の子どもの面倒を見なければならないという困難な状況の中で，近年民間業者による当事者の意向を無視した「連れだしや監禁」といった人権問題や殺人事件も発生している（注1）。

注1：2019年12月2日，産経新聞はひきこもりの支援と称したトラブル事例を報道した。また，2019年5月にはひきこもり生活にあったという男性が川崎市登戸で登校途中の小学生らを殺害するという事件が起き，翌6月には，ひきこもり状態の息子が第三者に危害を加えるのではと危惧した父親（父親も息子から暴力を受けていた）が息子を殺害するという事件が起きた。

　ひきこもり支援は簡単ではないが，少なくとも家族だけで対処できない困難であることは間違いない。厚生労働省は，2009（平成21）年から「ひきこもり対策推進事業」を開始し，その事業の一つであるひきこもり地域支援センターは，社会福祉士や精神保健福祉士，臨床心理士などのひきこもり支援コーディネーター，また有資格者ではないがひきこもりサポーターが訪問事業などを担う連携・協働が推進されている。このように，関係者が困難を抱えた当事者に安全な支援のネットワークを提供する試みが連携・協働であると言える。

2．連携・協働とは

（1）連携・協働の必要性

　現代は複雑で，流動的な社会構造を加速させている。その結果，例えば少子高齢化に代表されるように，国民一人ひとりが自分のことだけでなく，これからの日本社会をどう考えていくのかという必要性に迫られている。

　その一つが高齢者介護である。大和総研の石橋（2019）によると，要介護者の介護度は低く，特別養護老人ホームの入居基準（要介護3）を満たさない者が多い上に，「認知症患者の7割は要介護1以下」であると指摘している。これは，ほとんどの要介護者が自宅での介護を余儀なくされるということを意味している。その結果として増加しているのが介護離職であり，「2017年には約9万人と，2010年代になっておよそ2倍に増えた（2007年比）。」という。そして，正規社員の離職が多いという問題を解消するために，1991（平成3）年，「育児休業，介護休業等育児又は家族介護を行う労働者の福祉に関する法律（育児・介護休業法）」が施行された。その後，2016（平成28）年の改正で介護休業制度などが拡充された。

一方，厚生労働省も2025年をめどに，「高齢者の尊厳の保持と自立生活の支援の目的のもとで，可能な限り住み慣れた地域で，自分らしい暮らしを人生の最期まで続けることができるよう，地域の包括的な支援・サービス提供体制（地域包括ケアシステム）の構築を推進」している。この地域包括ケアシステムで重要な役割を担うのが，地域包括支援センターであり，認知症の早期発見，早期治療のために，チームアプローチを基本にした「認知症初期集中支援チーム事業」などのサービスを展開させている。きめ細かく要支援対象者や家族のニーズに応えるために，多職種による連携・協働は欠くことができないのである。

（2）連携・協働の定義

私たちが安心して生活するために必要なことは何だろう？この問いには，個人によってそれぞれ多様な価値観が反映されそうだが，その一つには，「自分の生活する環境が大きく変化しないこと」があげられるだろう。「シームレス（切れ目のない）な支援」が目指されるゆえんである。そのために，私たち心理職は日頃から連携・協働への意識を高めておかなくてはならない。では，連携・協働という用語には，そもそもどんな異同があるのだろう。野中（2007）によると，"linkage""coordination""cooperation""collaboration"は，いずれも「連携」と訳されることがあるという。そこで野中は，構成員（メンバー）相互の関係性の密度を軸に，異なる訳語を当て，その意味を区分することを提案している（図4-1）。私たちは，お互いの連携・協働が深められるように，相互理解を常に大切にしたいと考える。

（3）他職種を知るために

筆者は施設実践における他職種理解に関する以下のような話を聞いた

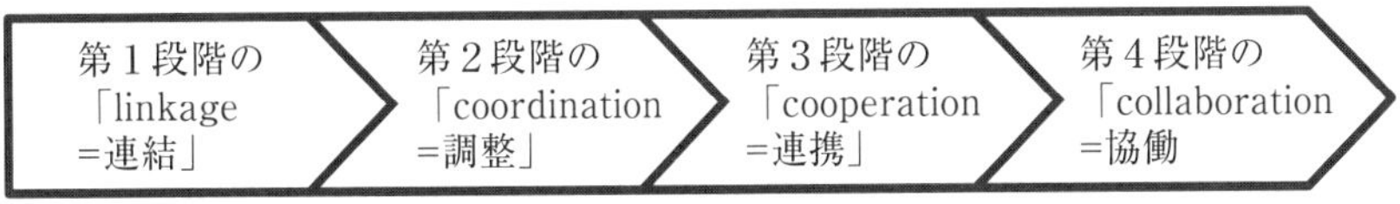

| 第1段階の「linkage =連結」 | 第2段階の「coordination =調整」 | 第3段階の「cooperation =連携」 | 第4段階の「collaboration =協働」 |

図4-1　連携・協働の捉え方
（出典：野中（2007）を参考に筆者作成）

ことがある。ある施設で，とろろの嫌いな子どもの食卓にとろろを出さないでほしいと担当の心理職Aさんが要望したところ，別のケアワーカーのBさんが「それは困るし，おかしい。集団生活なのだから。」と発言したという。皆さんがこの施設に勤務していてAさんの立場だったらどうするだろうか？

　Aさんは個別支援も重要だと主張し，話し合いは平行線に陥ってしまったという。その時，あるスタッフが，「それでは，このことをみんなで議論してみませんか。」と提案，場をあらためて「とろろ会議」の場がもたれることになった。すると，これまでもそうしてきたのだから，特別扱いは避けるべきという意見や，「私も給食で嫌いなものを無理に食べさせられて苦しかった経験があるから，子どもの気持ちはわかる。」と女性ケアワーカーCさんの発言などがあった。「難しい問題だし，半分だけ出すということで何とかならない？」というような，ありがちな妥協意見もあったという。20分ほどの意見のやりとりで，Aさんはこう語ったという。「みなさんの考えはよくわかりました。ケアワーカーのみなさんが日常生活をどれだけ大切にしているか実感できたので，自分の意見は取り下げます。早まった判断だったと子どもにも謝って，対応し直したいと思います。」

　チームを構成するメンバーの意見は多様であり，もちろん職種による違いもあるが，その人が育ってきた背景（個人史）が反映されることも

少なくない。人が頑（かたく）なになるときには，「個人的な（未解決な）課題」が影響することもある。だからこそよりよい支援のために，「自己理解」（自己分析）を深める必要を心理職は求めてきたのである。それはチームも同様で，チームに大きな困難が生じたときに，「なぜこういった問題が生じているのか」について他者理解を促進する契機と捉えて，対話する姿勢を欠かさないことが心理職らしさを発揮できる場面である。相手の考えを否定せず，「なぜそう考えるのか」を大切にすることが，スタッフの相互理解とより良いチームワークの基本的姿勢であることを指摘しておきたい。

3．チームで支える

（1）事例検討による多面的理解

しかし，実際に連携・協働は簡単には進まない。そもそも，他職種同士で，連携・協働への意識が異なっているという指摘もある（村松，2018）。この児童養護施設のケアワーカーと心理職を対象にした連携・協働の意識調査では，ケアワーカーは医療における「医師－看護師」のように役割分担を意識し，その役割分担は入職して数年の内に形成され，その後はあまり変化がない。一方，心理職の連携・協働意識は役割意識ではなく，お互いの関係の深まりを志向し，経験年数に応じて連携・協働意識が高まっていく。この違いを意識しておかないと，「心理職は役割分担を守ってくれない」とか，「ケアワーカーは役割に縛られすぎで，子どものことを一緒に考えようとしてくれない」などといった相互不信につながる可能性がある。

こういった相互不信を防ぐ手段の一つに，事例検討会があるだろう。

（2）多職種チームのコミュニケーション

　事例検討会はできれば多くの子どもを短い時間で取り上げていくのではなく，ひとりの子どもを2時間ほどかけてじっくりと検討することが望ましい。それは，そもそも事例を共有する，つまり，子どもや家族とのかかわりをスタッフが追体験し，そこから異なる意見を集約して援助方針を決め，このケースから各自が学ぶことのできる援助技術は何かを深めるためには，一定の時間が必要になるということである。そして，詳細な事例検討会から関係するスタッフの「本音」も聞くことができ，「自分が見ていた子ども像とずいぶん違うな」という気付きがお互いの子ども理解を広げていくことにつながるのである。こうして，施設の援助機能全体も高まっていくことになる。

　建設的な議論の一方で，自分の意見に固執することは連携・協働の妨げになる。この「固執」は事例検討会のみならず，良質な連携・協働を阻む要因であることを肝に銘じておきたい。固執には以下のことが考えられる（表4-1）。

表4-1　連携・協働を阻む固執

自分の立場に固執する（地位など）
自分の価値観に固執する
自分の（専門的）言葉に固執する
自分の役割に固執する（張り合い）

（出典：筆者作成）

　チームには必ず葛藤が生じる。葛藤を維持するのは苦しいので，例えば「医療にかかれば子どもは改善する」という思いに飛びつきたくなる。この幻想は心理職にも向けられることがある。困難をチームで解決していくためには，「（現時点の）自分は何ができて何ができないか」が

厳しく問われなければならない。人任せにせず，かといって抱え込みすぎず，常にバランスを意識し，「現実」に向き合っていくことが専門家同士の連携・協働の原点である。心理職にとって，このトレーニングは必須のことなので，若い心理職は特に肩肘をはらず，必ずスーパーヴァイズ（上級者による指導・助言）を受け，スーパーヴァイザーと「現実」に向き合う方法を探索してほしい。

（3）葛藤マネジメントと問題を共に眺める視点

　人が集まる以上，そして難しいケースにかかわる以上，援助チームの葛藤は避けられない。最も避けるべきは，自分の葛藤を誰かに押しつけてしまうことである。精神分析では，「投影」と呼ばれる心理的防衛である。援助専門家として，チームの誰かが特別にマイナスに見えたり，自分の不安を打ち消すように明るくしたり，自信があるかのような不自然な振る舞いをしているとき，また別のメンバーとこっそりチームの約束事を守ろうとしないときなどには注意が必要である。

　葛藤が生じている気の合うスタッフ同士で徒党を組んだり（派閥化），気の合わない相手に重要な情報を伝えないなど，孤立するように追い込もうとすることがある。気の合うスタッフだけでラインのグループを作ったり，飲み会や食事会に行くようになったら，対人援助職の専門家としては，援助チームに危機が生じているという自覚を持てるようでないといけない。スタッフ間の対立はたいていの場合，表面化せず，「ウラでこっそり」と進行し，大部分は大きな逸脱ではないためスタッフに罪悪感を生じさせない。しかし，この所作が確実に援助チームを崩壊に導いていく。

　私たち援助専門家は，その葛藤を解決しようとする努力を怠ってはならない。松岡（2009）による「葛藤マネジメント能力」がチームを成長

させていくのである。メンバーに求められるのは，「どこで，なぜ葛藤が生じたのか」ということを意識する理性的姿勢である。チーム支援には「共通の情緒」は欠かせない（「とろろ会議」で皆がこの問題を自らの課題として向き合ったことが一つの例である）。しかし，葛藤解決の際には「理性」で対応しなければならない。これは大変困難な課題である。なぜなら，葛藤は情緒であるからだ。連携・協働を工場にある機械を例に説明してみよう。うまく機械が動くには，潤滑油が必要であり，それが連携・協働における「感情」と考えられる。しかし，機械が何からの理由で故障した場合（連携・協働において強い葛藤が生じているとき），それは知識や思考で対処しなくてはならなくなる。連携・協働における「理性」がそれである。このように，連携・協働を成り立たせるためには，「感情と理性」という2つの重要な要因をうまく用いる必要があることを指摘しておこう。

このことの具体的取り組みが，妙木（2010）が指摘する問題を「異化」する視点であり，髙田（2008）の「横並び」の視点であろう。問題を異化する視点とは，その困難を個人の内的要因に結びつけるのではなく，「なぜそういうことが起きるのでしょう？」とその問題（困難）事態を共に眺める姿勢である（図4-2）。

例えば，「とろろ会議」の例で言えば，ある人が理解してくれないとき，なぜそんなに頑ななのかとか，自分はとても我慢しているのに，と考えるのではなく，いまチームの中には「とろろをめぐって葛藤が生じている。それはなぜなのか。」と問題をウチからソトに出し，その困難自体をチームの課題として取り上げるのである。そうすることによって，問題（困難）は個人的問題からチームの共通課題となり，問題（困難）と距離を置くことがでる。そして，そこにチームのメンバーが意見を出す余地が生まれる。「何でこんなことが起きるのでしょうね」とメンバーが

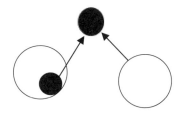

とろろを食卓に出すべき（出さないべき）

とろろを食卓に出すことで葛藤が生じているのはなぜだろう？

図4-2　問題を切り離し異化する視点

（出典：妙木（2010）を参考に筆者作成）

横並びになって，誰が上でも下でもなく，同じ目線でその問題（困難）を眺めてみる。たとえすぐには解決できなくても，問題があるという葛藤を共有し，耐えることで，チームは強くなっていく。理性的な対応とはこのような姿勢を基本としている。私たちは「仲よしチーム」を作るのではない。困難に直面できる「タフなチーム」作りを目指したい。

（4）多職種協働の基本的姿勢

　心理学者のタックマンは「形成期（forming）」（メンバーが関係性を築いていく）「混乱期（storming）」（考え方の枠組みや感情がぶつかり合う）「統一期（norming）」（共通の規範や役割分担ができあがっていく）「機能期（performing）」（チームとして結果を出していく）という4段階からなるチームビルディング・モデルを紹介した。このモデルは，その後「散会期（adjourning）」が追加された（タックマン＆ジャンセン，1977）。ここでも，第2段階に嵐のような厳しい時期があることが指摘されており，興味深い。ここでチームの葛藤についてもう一度考えてみたい。

　海外には，専門職連携教育（Inter-professional Education：IPE）という実践がある。WHOは2010年にはIPEのガイドラインを出版し，IPE

の多くは医学，看護学，ソーシャルワークの学生を対象とした大学教育の一環として実施されていると報告している。学生時代から多職種と学び合う機会は大変貴重なものだろう。さらに，アメリカでは他職種へのインターンシップも実施されており，IPEが大変重視されている（村松，塩谷，山邊，2015）。若いうちに異質な考えやものの見方に触れることは，児童期から青年期までの仲間関係の発達が同質性から異質性に開かれていくことにあるという保坂・岡村（1992）の指摘と重なり合うようだ。

　青年期は「疾風怒濤」となぞらえられるほどに揺れやすいが（一部には揺れの少ない青年もいるという指摘もある），それだけ自らの価値観や思考が修正されやすいということだろう。

　夏目漱石の小説「草枕」の冒頭で，30歳の洋画家である主人公はこんなことを言っている。「山路を登りながら，こう考えた。智に働けば角が立つ。情に棹させば流される。意地を通せば窮屈だ。とかくに人の世は住みにくい。」だから世の中を住みやすくするために詩や芸術が生まれるのだと小説は続く。しかし，私たち心理臨床家は現実の世界にとどまり，「連携・協働は難しい。だからこそ，私たちは異質なものを取り入れながら，そこで生じる問題（課題）にこそ，クライエント支援のヒントがあるという柔軟に思考できる理性を獲得していかなくてはならない」と言えるのではないか。

（5）多職種協働と専門性

　連携・協働のためには，自らの拠って立つ専門領域から相互に少しだけはみ出してみないと相手のことがよくわからない。ただ，はみ出すことは重要だが，その際に，「相手から学ぼう」という姿勢は欠かせない。異なる専門職同士が，相手から学び自らの実践を変化させつつ，新たな視点を得ようとする活動そのものが連携・協働であって，多職種と共に

より深い連携・協働の学びが生じる部分

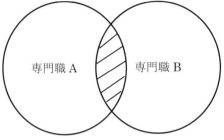

図4-3　自らの専門性と連携協働のモデル

（出典：筆者作成）

活動することだけが連携・協働ではないことを指摘しておきたい。

　対話，相互理解，相互尊重，そして相互作用はそれぞれの専門性を超えて機能するためのキーワードになるだろう。そのために具体的に必要な試みは何か。アタッチメント研究の領域で，リサーチと臨床実践の統合が模索されているように，対人援助は専門性の垣根を超えて融合しようとすることが求められるのではないか。この流れは，エヴィデンスに基づくより確かな実践を共有しようとするものであるが，高齢者支援，発達障害，児童虐待など複雑で多様化する困難に対処するための必然であるとも言える。

　この時，自らの専門性は何かということが明らかになっている必要がある。連携・協働は「何でもあり」なのではなく，自らの専門性とその限界を見定めた上で，多職種が役割を確認しつつも，その役割にとどまるのではなく，他職種の知見を取り入れ，自ら成長していくことにある。

　心理職の他職種連携・協働に必要な事柄は，以下のようにまとめることができる。

①　相互理解のために，それぞれの専門性を明らかにすること
②　専門性が異なる者同士で継続的に活動すること
③　連携・協働の相互作用によって，心理職が新たな視点を得たと実感できること

　多様な神経ネットワークが大脳機能の多様性を生むように，一つの見方に限定されない支援の在り方は，より良い支援に結実するはずである。連携・協働が支援の多様性を目指すものであるとすれば，心理職には常に変化することをいとわない，「固執」とは対極的な「柔軟性」が求めらることになるだろう。

引用・参考文献

Bion, W. R.（1962）. *Learning from experience*. New York：Basic Books
平木典子・中釜洋子（2006）.『家族の心理　家族への理解を深めるために』サイエンス社
保坂　亨・岡村達也（1992）.「キャンパス・エンカウンター・グループの意義とその実施上の試案」千葉大学教育学部研究紀要. 40（1）. 113-122
石橋未来（2019）.「介護離職の現状と課題」
　https://www8.cao.go.jp/kisei-kaikaku/suishin/meeting/wg/hoiku/20190109/190109hoikukoyo01.pdf
内閣府（2019）.「生活状況に関する調査（平成30年度）」
　https://www8.cao.go.jp/youth/kenkyu/life/h30/pdf-index.html
松岡千代（2009）.「多職種連携のスキルと専門職教育における課題（特集 ソーシャルワークにおける連携と協働の技法）」ソーシャルワーク研究. 34（4）. 314-320
野中　猛（2007）.『図説ケアチーム』中央法規出版
Tuckman, B.W. & M.N.Jensen（1977）. Stages of Small-Group Development Revisited. Group & Organization Management. 2（4）. 419-427
World Health Organization（2010）. Framework for action on interprofessional education and collaborative practice. WHO reference number：WHO/HRH/HPN/10.3

5 | 福祉領域における心理的支援の実践①
障害児・障害者への心理支援

酒井　厚

《目標＆ポイント》　障害児・障害者への支援は，障害の種類や程度によって
内容は異なるものの，個人が主体的で自立した生活を送ることを支えるのは
同じである。本章では，それぞれの障害の特徴を紹介しながら，障害の内容
に応じた心理学的な支援について整理し，地域での多職種連携による支援に
ついて考える。
《キーワード》　障害者総合支援法，療育，心理療法，支援者ネットワーク

1. 障害の捉え方と多様性

（1）障害の捉え方の変遷

　世界保健機構（WHO）は，障害の捉え方の基準として，1980年に制定
した「国際障害分類（ICIDH：International Classification of Impairment,
Disabilities, and Handicaps)」を2001年に改訂し，「国際生活機能分類
（ICF：International Classification of Functioning, Disability, and
Health)」へと変更した。以前のICIDHでは，障害者を機能や能力に障
害があることで社会的不利な状態にある存在とし，医療モデルから克服
しようとする考え方であった。一方でICFは，個人が障害を抱え困難が
あっても，健康状態と個人的特性や環境といった背景要因との相互作用
の在り方によって積極的な活動や社会参加ができると捉えており，社会
モデルと呼ばれる。
　日本においても，ここ20年ほどで障害児・障害者に関する法整備が

進められている。2013（平成25）年にはそれまでの「障害者自立支援法」を改正し，「障害者の日常生活及び社会生活を総合的に支援するための法律（障害者総合支援法）」が施行された。この法律では，障害児・障害者が基本的人権を享有する個人としての尊厳に相応しい日常生活と社会生活を営むための総合的な支援を理念に掲げ，多様な障害のある個人がより主体的に社会に関わることができる支援を目的としている。具体的には，障害児・障害者の範囲に難病を加え，重度訪問介護の対象を肢体不自由者以外に知的・精神障害にも拡大し，障害のある個人の地域移行を促すために，市町村による地域生活支援事業を充実化することなどを明記した。近年では，「障害」という言葉を「障碍」と表記することも多くなっており，日本でも障害の捉え方が変化していることが見てとれよう。「障害」は主に個人が機能や能力に問題を抱えていることを示唆するのに対し，「障碍」は個人が機能や能力を発揮することが環境によって妨げられている状態という意味を含んでいる。

（2）障害の種類

　障害は，1970（昭和45）年に施行された「障害者基本法」に基づき，大きく身体障害，知的障害，精神障害の3つに区分される。表5-1は，それぞれの障害の内容と，該当する個人を認定する手帳制度についてまとめたものである。障害児・障害者は手帳を持つことで，交通機関を利用する際の割引や行政が提供するサービスの利用，障害者雇用の対象になるなど，社会生活における支援を受けることができる。

　身体障害には，視覚や聴覚の障害，肢体不自由や内部障害などがあり，先天性と後天性のものが含まれる。身体障害の等級は1級（重度）から7級（軽度）まで存在し，視覚障害は1級から6級，肢体不自由の上肢については7級まであるなど，内容により違いがある。

表5-1　各障害の内容と手帳制度

区　分 （定義を示した法律）	内　容	手帳制度 （有効期限）
身体障害者 （身体障害者福祉法）	「身体障害者程度等級表」に掲げられる身体上の障害がある18歳以上の者で、都道府県知事から手帳の交付を受けた者。「身体障害者程度等級表」にあるのは、視覚障害、聴覚又は平衡機能の障害、音声機能、言語機能又はそしゃく機能の障害、肢体不自由、内臓や免疫機能などの内部障害。	身体障害者手帳 （原則なし）
知的障害者 （法律上の定義なし）	知的機能の障害が概ね18歳までにあらわれ、日常生活に支障が生じているため、何らかの特別の援助が必要な状態にある者。	療育手帳 （年齢により定められた期間で再判定）
精神障害者 （精神保健及び精神障害者福祉に関する法律）	統合失調症、精神作用物質による急性中毒または依存症、知的障害、精神病質その他の精神疾患を有する者。	精神障害者保健福祉手帳 （2年ごとに更新）

（出典：大山 正，他（著，監修）『公認心理師合格テキスト』誠文堂新光社，筆者一部改変）

　知的障害は，発達期に発症し，知能検査で測定される知的機能と，日常生活における活動への適応機能の両面に問題がある状態像である。アメリカ精神医学会による精神疾患の診断・統計マニュアル第5版（DSM-5：Diagnostic & Statistical Manual of Mental Disorders, 5th ed.）では，後述する発達障害とともに，「神経発達症群」に含まれる。また，同診断・統計マニュアルの第4版（DSM-4）では，障害の程度をIQテストの知能水準により分類していたが，DSM-5では社会生活にかかわる概念的（学習技能など），社会的（対人関係など），実用的（健康への気遣いなど）で必要な支援の程度により最重度，重度，中等度に分けるようになった。

　日本における障害者の総数は，最近の障害者白書（内閣府，2019）によると，平成28（2016）年度における在宅の身体障害者数は428万7千人，そのうち18歳未満の子どもは6万8千人である。同じく，在宅の知的障害者数は96万2千人，18歳未満は21万4千人となっており，どち

　らの障害も総数は右肩上がりで推移している。

　精神障害者数に関しても，図5-1に示すように増加傾向が見られ，平成29（2017）年度では419万3千人，そのうち20歳未満の患者数は27万6千人であった。精神障害には，妄想や幻覚などが起こる統合失調症，日常生活の意欲の減退や激しい気分の落ちこみなどが見られるうつ病，薬物依存など複数の種類がある。図5-1を見ると，近年ではうつ病に代表される気分障害が多いことがわかる。また，平成14（2002）年度からは，記憶や理解力の困難さが主症状である認知症の増加が目立ち，高齢化が進む日本において，今後さらなる対応が求められることが予想される。

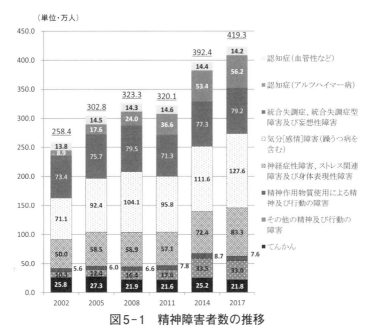

図5-1　精神障害者数の推移

（出典：厚生労働省HPを基に筆者作成）

（3）発達障害

　発達障害とは，「発達障害者支援法（2004年施行）」の第一章第二条において「自閉症，アスペルガー症候群その他の広汎性発達障害，学習障害，注意欠陥・多動性障害その他これに類する脳機能の障害であってその症状が通常低年齢において発現するもの」とされ，中枢神経系に何らかの機能障害があると推定される種々の状態像を指す。DSM-5の「神経発達症群」では，表5-2に示す注意欠如・多動症（AD/HD：Attention Deficit Hyperactivity Disorder），限局性学習症（SLD：Specific Learning Disorder），自閉スペクトラム症（ASD：Autistic Spectrum Disorder）が該当する。文部科学省（2012）が，2012年に全国の公立小中学校の学級担任を対象に実施した調査によると，AD/HD，学習障害（SLDとほぼ同義），高機能自閉症（ASDの種類の一つ）の可能性があると推定された児童・生徒は6.5％であった。

　AD/HDでは，学業や仕事の面で活動に集中できないなどの「不注意」と，落ち着かなさや待つことが苦手な「多動・衝動性」のどちらかあるいは両方の症状が存在する。SLDでは，暦年齢に期待されるよりも学業的技能が低く，漢字の部首を左右反対に書いたり，文章の区切り方がわからずにうまく読めないなどの特徴がある。ASDの場合は，主に「他者との社会的なやりとりの困難さ」と「興味を持つ対象や活動が特異的」の2つが主な特徴であり，子どもによって個人差はあるが，人と興味や感情を共有することが難しく，習慣へのこだわりが強くて環境の変化に強い苦痛を示し，感覚過敏などの症状が見られる。障害の重症度は，いずれも支援が必要なレベルで3段階に分かれ，AD/HDとSLDでは軽度，中等度，重度に，ASDではレベル1の「支援を要する」からレベル3の「非常に十分な支援を要する」で示される。

　また近年では，これらの発達障害と同時罹患する可能性が高い症状と

表5-2　発達障害の内容とDSM-5による診断の骨子

名　　称	症状の特徴と診断のポイント
注意欠如・多動症／ 注意欠如・多動性障害	活動に集中できないなど不注意に関する9つの診断項目のうち6つ以上（17歳以上は5つ以上），あるいは長いこと席に座っていられないなど多動性・衝動性に関する9つの診断項目のうち6つ以上（17歳以上は5つ以上）が，発達の水準に不相応な状態で，少なくとも6ヶ月間持続。いくつかの症状が12歳以前から存在。不注意優勢型，多動・衝動優勢型，混合型がある。
限局性学習症／ 限局性学習障害	学習や学業的技能が暦年齢で期待されるレベルに到達しておらず，読字や書字，計算や推論の獲得と使用の困難さを表す6つの診断項目のうち，少なくとも1つが6ヶ月間持続してあてはまる。知的能力障害や視力や聴力の問題からはうまく説明できない。
自閉スペクトラム症／ 自閉症スペクトラム障害	発達早期から存在。複数状況での社会的コミュニケーションや対人相互作用の持続的な困難さ，興味を持つ対象や活動への特異な常同性や反復性，頑ななこだわりや執着などの項目のうち2つ以上の症状が該当。男子に多い。
運動症群／ 運動障害群	発達早期から始まり，以下の2つの症状群で構成。 ①発達性協調運動症／発達性協調運動障害：運動技能の遅さや不正確さ，不器用さが年齢や経験に不相応なレベルにある。知的能力障害や視力障害，運動に関わる神経疾患によるものではない。 ②常同運動症／常同運動障害：無目的な運動行動（頭を打ちつけるなど）を駆り立てられるように反復し，ときに自傷を起こす。

（出典：大山　正，他（著，監修）『公認心理師合格テキスト』誠文堂新光社，筆者一部改変）

して，発達性協調運動症が注目されている。この障害は，いわゆる不器用さが特徴であり，手・足・体を連動して動かし，いろいろな動作を1つにまとめる粗大運動や，手先を使う作業など微細運動に困難が見られる。

2.　障害に応じた心理学的支援

（1）生活自立と自己決定の促進

　先述のように，障害児・障害者への支援の在り方は，能力や機能の障害により本人が抱える問題の克服に焦点を当てる医療モデルから，障害が日常生活の大きな障壁にならないように，本人と環境の両方に働きかけ，彼らが積極的に活動できることを目指す社会モデルへと変化してい

る。そのため，障害児・障害者のストレングス（持っている力）を活か
してエンパワメントし，彼らの普段の生活における主体性や自己決定を
促す心理学的な支援が求められる。同時に，障害児・障害者の活動が制
限されないように物理的な環境を整備し，支援者が彼らを情緒的にサ
ポートすることが欠かせない。

　身体障害者に行う療育では，障害程度に合わせて，作業療法士の支援
のもとに自分の機能を活用するリハビリテーションを行ったり，科学技
術を駆使して生活自立を促したり，ほかの能力を高めることを目指した
支援が行われる。例えば，歩行困難のある障害児が，電動車椅子を操っ
て移動することは，自分の意志と能力で行動する意欲とともに，認知機
能の発達を促すものと考えられる（中井，2011）。また，視覚障害者の
場合には，文字情報でのやりとりが困難なために学習状況で不利になる
場面が多いが，音声変換機能の付いたパソコンなどを利用することで，
健常者と時間差なく勉強できたり，スムーズな協働作業も可能となる。

　知的障害児の場合には，幼い頃から食事や睡眠など身辺自立の発達を
支えることが重要となる。知的障害児は，食事の際に食べ物を口の中に
詰め込んでしまうケースが少なくない。その理由には，感覚・運動機能
の未熟さや，視覚的に適量を理解することや他者の食行動から学ぶこと
の困難さという認知面の問題などがある。子ども発達支援センターの言
語聴覚士による食事療育の報告（高倉，2007）によれば，食事の際には
口腔の感覚を育てるような介助を心掛け，適量を用意して子どもが食べ
られたことに達成感を与えるなどの工夫が必要とされる。そうすること
で，彼らが食事を楽しむようになり，自律性が高まることが期待できる。

　成長するにともない，知的障害者は勉強や仕事，金銭の管理，医療へ
の受診，対人関係など多様で複雑な活動に取り組むようになり，援助が
必要な場面が増えてくる。しかし，障害の程度により支援の仕方は異な

るものの，援助者の主導性が強いと障害者のウェルビーイングが阻害され，社会生活に不適応になることもある。軽度知的障害者が進学や就職の失敗経験から社会的に孤立し，金銭管理や健康，生活面で問題を抱えるケースを支援したある社会福祉士は，指導的ではなく，本人の意見を尊重して相談し合い自己決定を促すようにかかわり続けた。その結果，障害者が能動的な感覚を得て，周囲の人からも努力を認められて主体性が増し，生活を改善していったことが報告されている（奥村，2009）。

（2）心理療法による介入

　精神障害者の場合は，まずは症状を軽減して状態を安定させることが自立した生活の前提となろう。そのため，医師による診断と，必要な場合には薬物療法を受けるとともに，児童心理治療施設や精神科デイケアなどで，医師や臨床心理士，公認心理師などによる心理療法が行われる。

　心理療法は，精神分析療法，行動療法，認知療法，クライエント中心療法，交流分析療法，子どもに向けては遊戯療法などさまざまにある。近年では，これらの療法がどの障害に有効かを検討する研究が進められ，実証に基づく臨床心理学（EBCP：Evidence-Based Clinical Psychology）の観点からの介入が行われている。特に，行動療法と認知療法の特徴を合わせ持つ認知行動療法は，うつ病，不安障害，ストレス関連障害，AD/HDやASDといった発達障害など，有効とされる障害が多い（チャンブレス，他，1996）。例えば，うつ病はひどく落ち込む状態が続くのが主症状であるが，その抑うつ気分に直接働きかけて良くしようとするのは難しい。それよりも，抑うつ気分を生じさせる認知（物事の捉え方や考え方）や行動に働きかけ，それらの変化を通じて改善しようとする（大野，2014）。そのため，この療法では，うつ病の患者自身が悩みにかかわる実体験を通じて，自分の考え方が偏っていることに気付くことを

目標とする。具体的には，患者が支援者と話し合いながら，現状で困っている課題を設定し（例えば，友人とうまく話せない），それを変化させるために必要な体験（相手が好きなスポーツの話をしてみる）を宿題として，日常生活で実際に取り組んでみる。その際，支援者は患者が宿題である体験に積極的になれるように，行動を活性化することも重要である。行動の活性化とは，患者が行動によって気分が変化することを知り，喜びや達成感につながる行動を増やしていくように促すことである。患者は，体験を支援者とともに振り返り整理する作業を通じて，これまでの偏った考え方（自分が何を話しても聞いてくれない）と，新しく気付いた考え方（話題をうまく見つければ楽しく話せる）を対比させながら，徐々に適応的な認知と行動へと変化させていく。

　認知行動療法がうまくいくためには，患者が支援者に対し安心して悩みを打ち明けられるような，信頼関係の形成が不可欠である。そのため，支援者には，クライエント中心療法で尊重される，患者の話を傾聴して受容する態度が求められる。また，患者の状態の悪化が家族内の関係性に起因している場合には，患者本人ばかりでなく，家族全体を対象とした家族療法を併用して行うこともある。このように，近年では複数の心理療法を合わせて支援する，統合的アプローチが行われている。

（3）社会性の発達

　発達障害児は，その行動特徴から学校での学業や行事などの活動，仲間とのかかわりにおいて困難を示すことが少なくないため，彼らの学校適応を支える援助が必要となる。学業や活動面では，授業での配布資料や教室・学校のスケジュールを，視覚的にわかりやすく示す物理的な環境整備や，学習支援サポーターを付けるなどの取り組みがあげられる。また，仲間関係を支える支援として，彼らの社会的スキルを育むための

ソーシャルスキル・トレーニング（SST：Social Skill Training）が行われることがある。SSTは，心理学や医学の専門家が認知行動療法を応用し，個人の行動変容を目的に行う構造化プログラムであり，対人関係で良好な行動は褒める声かけなどによって強化し，不適切な行動は簡単なルールに基づいた罰則などを用いて消去することを目指す。同時に，仲間関係を良くするためには，周囲の子どもが障害児の行動特徴を理解し受容することも大切である。子どもが仲間と援助し合う活動で構成されたピア・サポート・プログラム（コール，1999）を通じて，お互いの特徴を理解する機会を設けることも重要であろう。

3．心理学的支援の在り方

（1）多職種連携と支援の場

　以上のように，障害児・障害者への心理学的な支援は，障害の種類や程度に応じてさまざまに行われ，支援にかかわる専門家も，臨床心理士や公認心理師，医師，理学療法士や作業療法士，言語聴覚士，社会福祉士，保健師，保育士や教員など多岐にわたる。これらの専門家が，①共有のアセスメントにより障害児・障害者の状態を的確に把握し，②その情報を基に支援計画を立てて実践し，③その結果から得られた情報を整理して新たな計画を立て，④次の新たな実践につなげる，という支援のプロセスを共有し協働することで，より良い支援が実現される。また，こうした多職種の連携は，それぞれが自分の専門以外にも関心を向け，より広い視野から支援の場を見いだすことも重要である。

　障害児の支援の場には，児童相談所や障害児入所・通所施設，子ども発達支援センター，児童心理治療施設，特別支援学校などがある。特に就学期の子どもでは，特別支援学校が支援のセンター的機能を担い，特別支援教育コーディネーターの主導のもとに，連携が進められることが

多い。全国の特別支援学校を対象に地域支援について尋ねた調査（井上・井澤・井上，2013）によれば，回答のあった503校中484校（96.2 %）が「地域の本人・保護者・教師等への教育相談・就学相談」に従事し，467校（92.8 %）が「関係機関による連絡協議会等に参加」し，412校（81.9 %）が「福祉，医療，労働等の関係機関との連絡・調整」を行っている。

　成人の障害者には，入所・通所する支援施設や精神科デイケアを利用し，やはり心理，医療，福祉，保健，教育の各専門家による連携からの支援が行われる。また各自治体では，公的制度を利用した支援を円滑に進めるために，障害者やその家族が抱える悩みを総合的に捉える場として，基幹相談支援センターを設置している。そこでは，相談支援専門員が障害者や家族と相談し，個々のケースに応じた支援計画を作成する。このほかにも，社会福祉法人「浦河べてるの家（伊藤・向谷地，2007）」や，就労継続支援B型事業所「ハーモニー（ハーモニー，2011）」などの施設では，障害のある当事者同士が集い，互いの悩みを相談し合ったり，手工芸品などの制作と販売を通じて社会的活動を行うといった，より地域に根差した支援も行われている。

（2）支援者ネットワークの形成

　障害児・障害者に対する支援では，専門家間の連携がスムーズであることばかりでなく，彼らの身近にいて，普段から世話をする家族とも協働することが望まれる。例えば，AD/HD児に行うSSTは，家庭生活において保護者に実践してもらうことができればより効果が期待できる。そのため，医学や心理学の専門家が，保護者が子どもの行動特徴を理解できるように心理教育を行い，家庭でのかかわり方を訓練するペアレント・トレーニングを行うことがある。このトレーニングでは，子どもが

した良いことを見つけて褒めること，してはいけないことのルールを明確にし，しかるときも感情的にならないことなどを教える。

　しかし，保護者は，障害がある子どもの普段の生活をケアすることに疲れてストレスを感じていたり，支援を受けていることに後ろめたさやふがいなさを感じることがあるという（日置，2009）。また，保護者以外の家族においても，障害児のきょうだいが相手の予期せぬ行動に困惑しうまく関われないという報告もある（浅井他，2004）。厚生労働省（2018）が平成29（2017）年度に行った障害者虐待の状況調査（図5-2）によると，家族などの養護者による虐待件数は1,557件であり，養護者側の主な要因は「虐待と認識していない（45.4 %）（注1）」，「知識や情報の不足（27.8 %）」，「介護疲れ（20.3 %）」であった。これらの要因を改善するには，養護者に心理教育を行い，虐待について理解させることや，養護者の疲れを軽減する支援体制を整え，ストレスを軽減する情緒的サポートが必要である。障害がある子どもの家族が抱える悩みは，同じ境遇にある家族と話し，情報を共有したり共感し合うことで軽減されることが報告されており（日置，2009），地域において当事者の家族同士が集まる機会を設けることも重要であろう。

　また，図5-2を見ると，近年では福祉施設の職員による障害者への虐待が増えていることも見逃せない。その理由には，「教育・知識・介護技術等に関する問題（59.7 %）（注2）」や「倫理観や理念の欠如（53.5 %）」，「職員のストレスや感情コントロールの問題（47.2 %）」があげられている。再発予防のためには，施設職員に対しても養護者の場合と同様に，虐待であることを理解させ，職員としての自覚を改めて促すことが不可欠で

（注1）値は被虐待者数1570人に対する比率
（注2）値は虐待者が特定できなかった25件を望む439件に対する比率

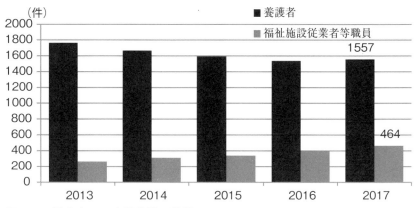

図5-2　障害者への虐待件数の推移
（出典：厚生労働省「障害者虐待の防止，障害者の養護者に対する支援等に関
する法律」に基づく対応状況等に関する調査結果報告書より筆者作成）

ある。同時に，職員が仕事について専門家に相談しやすかったり，職員
同士で仕事の分担がしやすく，情緒的にサポートし合える職場環境を整
え，職員のストレスが高まらないようにするのも重要である。

　障害児・障害者の支援は，当事者に身近な家族や施設職員，各種の専
門家がそれぞれ有機的に関わることでうまくいく。地域にある資源を有
効に生かし，支援者ネットワークを構築することが肝要である。

引用・参考文献

American Psychiatric Association（2013）. Desk reference to the Diagnostic
　Criteria from DSM-5. 日本語版用語監修日本精神神経学会，髙橋三郎・大野裕監
　訳（2014）.『DSM-5　精神疾患の分類と診断の手引き』医学書院
浅井朋子・杉山登志郎・小石誠二・東誠・並木典子・海野千畝子（2004）.「軽度発
　達障害児が同胞に及ぼす影響の検討」. 児童青年精神医学とその近接領域. 45（4）.
　360-371

Chambless, D.L., Sanderson, W.C., Shoham, V., Johnson, S.B., Pope, K.S., Crits-Christoph, P., Baker, M., Johnson, B., Woody, S.R., Sue, S., Beutler, L., William, D, A., McCurry, S.（1996）. An update on empirically validated therapies. The clinical psychologist. 49（2）. 5-18

Cole, T., &Peer Systems Consulting Group.（1999）. *Kids helping kids : A peer helping and peer mediation training manual for elementary and middle school teachers and counsellors.* Victoria, B.C : Peer Resources.（コール，T.　バーンズ，亀山静子・矢部文訳（2002）.『ピア・サポート実践マニュアル：Kids helping kids』東京：川島書店）

ハーモニー（2011）.『幻聴妄想かるた』医学書院

井上和久・井澤信三・井上とも子（2013）.「特別支援学校のセンター的機能を活用した発達障害児等への早期支援に係る実態調査―来校による相談および保育所・幼稚園への巡回相談の状況―」小児保健研究. 72（6）. 810-816

伊藤絵美・向谷地生良（2007）.『認知行動療法，べてる式』医学書院

厚生労働省（2018）.「平成29年度『障害者虐待の防止，障害者の養護者に対する支援等に関する法律』に基づく対応状況等に関する調査結果報告書」https://www.mhlw.go.jp/content/12203000/000464431.pdf（2020年3月7日アクセス）

内閣府（2019）.「平成30年度障害者白書」https://www8.cao.go.jp/shougai/whitepaper/h30hakusho/zenbun/index-pdf.html（2020年2月8日アクセス）

中井昭夫（2011）.「「療育とは…」再考」脳と発達. 43（6）. 432-432

奥村賢一（2009）.「ストレングスの視点を基盤にしたケースマネジメントの有効性に関する一考察：軽度知的障害者の地域生活支援実践を通して」社会福祉学. 50（1）. 134-147

大野裕（2014）.「うつ病と認知行動療法入門」総合病院精神医学. 26（3）. 239-244

杉原保史（2009）.『統合的アプローチによる心理援助：よき実践家を目指して』金剛出版

高倉めぐみ（2007）.「〈食べることが困難な子どもたちへの支援を考える〉知的障害児への支援」. コミュニケーション障害学. 24（2）. 129-137

山口利勝（1998）.「聴覚障害学生の心理社会的発達に関する研究」. 教育心理学研究. 46（4）. 422-431

6 │ 福祉領域における心理的支援の実践② 地域への心理支援

下川昭夫

《**目標＆ポイント**》 子どもの貧困対策や障害児支援といった地域への心理支援では，準専門家やボランティア，保護者などが重要な役割を担っている。そのバックアップを含めた支援の実践を紹介する。
《**キーワード**》 子供の貧困と取り組めなさへの支援，障害のある子どもたちと合理的配慮，養育困難家族と支援ネットワーク，認知症高齢者に必要なパーソナルコントロール

1．福祉領域における地域での心理支援とは何か

　第3章で見てきたように，福祉領域における心理支援の特徴は，従来の専門的援助中心の支援が可能な，心理職が治療（作業）同盟を結べるクライエントのみならず，接点が持ちにくかったり，支援が可能になるまで右往左往のプロセスが長い当事者も数多い点である。こういった当事者に対するアプローチとして，当事者のみならず，コミュニティ内の当事者とつながっている大小ネットワークに働きかけ，コミュニケーション支援を行っていく，「つながりの中での心理臨床」の視点を持つことの必要性を取り上げた。

　本章では，母子生活支援施設や子ども家庭支援センターの支援対象児，発達障害がある子ども，認知症高齢者などで，従来の心理臨床における専門的援助にのりにくい当事者に対して，どのようなことが可能か，実

際の事例をあげてその取り組みを例示した。そこではまず心理職が当事者と接点を持ち，右往左往しながらつながりを作って支援が可能になる場合もある。また当事者と直接つながりを作りにくい場合，当事者の保護者や介護者，学校教職員や施設職員などとつながったり，既にあるネットワークのハブになるキーパーソンを見つけ，つながりの中でコミュニケーション支援が可能になる場合もある。

　下川（2003）はこうした支援をセンター型支援とネットワーク型支援の2つのタイプに分けて論じている。前者は学校・病院・施設といった地域のランドマーク的な組織の中でボランティアなどを通した支援である。後者は前者と異なり，目には見えず，地域コミュニティの中に入って初めて見えてくるネットワークにつながって当事者への支援を考えていくアプローチである。いずれも心理職が当事者に直接，心理査定や心理療法などの専門的援助を行うわけではないが，つながりの中でコミュニケーション支援を行っている観点から考えていくとよく理解できる。

2.　子どもの貧困への心理支援

　阿部（2008）は社会が許すべきではない生活水準として世帯所得の中央値の50％以下を相対的貧困と定義し，その中で暮らす子供たちの状態を「子どもの貧困」とした。その割合は20歳未満では14.7％で，経済的困難さと児童虐待との関連や，貧困の世代間連鎖も取り上げている。また学歴社会の中で子どもが希望すれば受けることができる，最低限保証されるべき教育は，中学校までの義務教育ではなく，高校・専門学校までという調査結果を提示しているが，同時に高校レベルでも経済的な理由で行かせられない親がいることも指摘している。このような貧困の連鎖を断ち切る一つの試みが，さまざまな場所で行われている学習支援である。しかしながら，提供される支援に対し，継続的に取り組むこと

ができる子どもたちがいる一方で，途中でドロップアウトしていく子どもたちも数多い。そのため，直接的な学力向上のみならず，子どもとボランティアが1対1の関係を築くことの有効性も指摘している（阿部，2014）。これは「取り組めない子どもたち」に対し継続的な治療（作業）同盟を結んでいくことの必要性を示唆しているのではないだろうか。

　学習支援はその下地部分がまず重要である。学生に依頼するにしろ，地域のボランティアに依頼するにしろ，誰でもよいということはないので，地域の中に信頼できる人を紹介してもらうネットワークが必要である。またその先に学習支援が可能な学生やボランティアがつながっている必要がある。学生は支援場所まで行かなくてはならないし，ほかのアルバイトなどを継続的にトレードオフしなくてはならないので，その意欲とバランスが取れるメリットがある必要がある。これは必ずしも金銭的なものでなくてもよいが，ボランティアがメリットと思えるような説明や仕組みが必要であろう。また子どもたちは自信のなさ，発達の偏り傾向，親子関係の不調などによる愛着の課題，周りからの見られ方が気になる思春期の発達課題なども伴い，学習に取り組みにくくなっている。そのため支援者が子どもの不安をくみ取って落ち着けるかかわりが何よりも必要になる。だんだんつながりができてくると，苦手なことにもある程度，取り組めるようになってくる。しかし同時にそのかかわりを保証する土台を持続的に維持する必要もある。

　磯上・下川（2019）は母子生活支援施設での学習支援で起きた，ケアワーカーとのすれ違っていくやりとりを詳細に報告している。具体的には，心理職による子どもへの心理アセスメントの提案をきっかけに起き，今までケースワーカーが気付かなかった知的障害などが明らかになったとしても，どう対処してよいかわからない不安から，心理アセスメントは必要ではない，というすれ違っていくやりとりである。心理職

による他職種連携の課題として，職種による被支援者への関係性の持ち方に関する視点の違いがあげられており，すれ違っていくやりとりが生じても，子どもの課題を共に見ていく三角の関係を作ることで協働関係が維持できることを指摘している。これはまさに子どもと支援者と他職種とのあいだの関係性に対するコミュニケーション支援に当たる。この事例のように，学習支援以前に，子どもたちのアセスメントや支援の継続を支える，周囲との協働関係を作っていくことの必要性と難しさがある。

　磯上・下川（2018）はまた，子ども家庭支援センターや学校ととともに養育困難家庭に対する学習支援を行い，境界線の知的機能から認知能力が改善した事例を報告している。本事例も学習支援を行う以前の地域ネットワークの中に大学・小学校・子ども家庭支援センターがあり，子ども家庭支援センターが家族支援を行っていた本事例に対し，既に小学校で学級支援を行っていた大学が学生を紹介し，小学校が学習の場や教材を提供する形で支援が始まっている。本事例でも発達の偏り傾向が示唆されるのと同時に，学習への取り組めなさが顕著であった。また家庭面の課題も大きく，その点は子ども家庭支援センターに継続してアプローチしてもらい，役割分担を通じて多面的に児童の安定を図っている。しかしながら学校の管理職が替わり，すれ違っていくやりとりが生じ，学校での支援継続が難しくなり，子ども家庭支援センターに場所を移して継続している。学習支援では学力の向上のみならず，取り組む力を育てていく必要があるが，子どもが自分で主体的に取り組むんだという，大人になっていく気持ちへの転換が必要になる。そのため，長期的に心理的支援を視野に入れながらかかわっていく必要がある。

3. 障害のある子どもたちへの心理支援

　合理的配慮（reasonable accommodation）とは，障害者権利条約（2014年1月批准）で「障害者の人権及び基本的自由のための調整」で「均衡を逸した又は過度の負担を課さないもの」とされ，障害者差別解消法で，身体・知的・精神（発達障害含む）・その他心身機能の障害者が日常生活や社会生活を送る際に社会的障壁で相当な制限を受け，障害者から意思の表明があった場合，行政機関などは負担が過重でないとき，その除去に向け動くことが求められるものである。しかしながら，意志の表明自体が難しい場合や，社会的障壁に対して困っていると気が付くまでのプロセスも必要であるが，障害の有無・負担の軽重の観点から議論され，重要な「調整（accommodation）」の側面が見落とされることも多い。また発達障害などでは障害の判断が難しいグレーゾーン（姫野，2019）なども数多い。文部科学省による学生相談に関する報告（2017）では，社会的障壁除去の必要性が明白で，本人の申し出ができない場合，大学等側からの働きかけを推奨し，障害の根拠資料の有無によらない，合理的配慮の検討を示している。そこでは施設や学校などと，子どもや家族とのやりとりのあいだに入ったコミュニケーション支援が必要になることも多い。

　下川（2017）は小学校1年生から中学校3年生まで，ある地域の子どもたちの全数調査を3年間行っている。その中で，支援の行われている特別支援対象の子どもたちは，6％強程度であったが，そのほかに担任が学習面・生活面で気になっている子どもたちも合わせると，4割程度になることが示唆された。その中には特別支援対象の子どもたち以外に，学習面・生活面とも気になっている子が1割程度おり，発達の偏りの可能性も示唆されるが，特に専門機関などによる支援は行われていなかっ

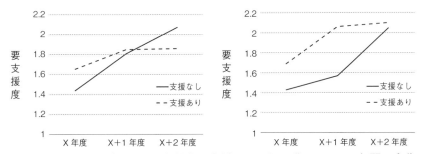

図6-1　学習上及び生活上要支援度の支援あり・なし群における3年間の変化
（発達障害などを伴い特別支援教育を必要とする子どもたちのほうが最初は
要支援度が高いが、3年後には頭打ちになり、支援を受けられていない群は
学習面・生活面とも有意に要支援度が上がる。）

（出典：下川、2017）

た。また最初は特別支援対象の子どもたちのほうが学習面・生活面の要
支援度が大きかったが、3年後の経過を調べてみると、それらの支援が
行われていない子どもたちの要支援度が有意に上回っていた（図6-1）。
下川（2012）は学生によるこれらの子どもたちの支援プロセスを記述し、
相談してくれたり、学習を教えたり、しかっても受け入れてもらうため
には、まずつながりを作っていく必要性を指摘している。同時に、担任
とつながりを作り、担任の支援や学級運営に対する考え方を理解してい
く必要もある。そのあとにようやく、子どもを担任とつないだり、他児
とつないでいくことができる。また学級支援を行う学生への後方支援
や、ほかの教師・保護者といった学校コミュニティ全体への支援の必要
性も指摘している。
　下川ら（2007）は小学校保護者に対する子育て支援のためのグループ
ワークを報告している。最初は子どもたちを変えてあげるのに自分がど
う変わったらよいか教えてほしいといったニーズから参加していた保護
者が、半年にわたるグループワークで、ほかの保護者の視点を取り込ん

でいったり，親の視点から子どもの視点に視座を変えることで，コミュニケーションの重要性を学んでいき，家族のコミュニケーション変化を通じて関係が良くなっていく過程を記載している。また下川・更科（2008）は障害のある子どもの保護者が，どう育てていいのか子どもと悪戦苦闘するところから同じ問題意識を持つ保護者同士でピアグループを作り，その中で試行錯誤し，さまざまな種類の障害を持つ子どもの保護者同士で緩やかなつながりを作り，「ママ♪ねっとわーく」として地域に広がっていった一部始終を記述している。背景には小児科医や保育園園長といった地域の専門家のネットワークがあり，そこにつながっていた保護者を支援する専門家を応援隊とし，保護者のあいだに有機的なつながりが形成され，そのやりとりの中で役割分担しながら子どもたちに必要なものをどのように提供するか考えだしていった。今まで支援を受ける側だった保護者が，支援する側に回ることで「心理的な支援・被支援関係の交代体験」が得られ，自己効力感が高まったことが保護者から語られている。またネットワークを作っていく過程で障害の有無にかかわらず保護者の手を借りていく必要性から，「障害のある子どもへの支援」から「すべての子どもへの支援」へ視点を変えていく際の折り合いをつける難しさが語られていった。これらの他者視点獲得に対するコミュニケーション支援の重要性はコミュニティ臨床（下川編著，2012）の大きな柱になっている。

4. 児童虐待・養育困難家族への心理支援

1999年に児童養護施設に心理士が導入され，児童へのケアのみならず，施設職員の支援も業務に含まれるようになった。2000年に児童虐待の防止に関する法律が制定され，それ以降，児童虐待の通告件数は年々，増加している。この時の市町村児童虐待防止ネットワークは2004年に

要保護児童対策地域協議会となり，地域で守秘義務を保持しつつ，関係機関が連携した支援体制が作られた。また東京都では1995年に18歳までの子どもとその家庭からの相談を受け，子育て支援ネットワークの核として子ども家庭支援センターが設置された。2003年には児童虐待の防止と早期発見，見守りを加えた先駆型が加わった。そこでは児童虐待への対応，ケースマネジメント，要保護児童対策地域協議会における情報の集約や機関との調整，子どもと家庭の支援ネットワークを作ることなどが行われてきた。

　児童虐待は児童養護施設に措置される重度のもののみならず，地域での支援が必要な養育困難から軽度・中等度の虐待まで幅広い。児童虐待の起こる家族は地域とのつながりを持ちにくいだけでなく，支援者が接点を持つことも難しい（図6-2）一方で，保育や在宅支援といったソーシャルサービスは接点を持ち，つながりができて初めて有効になる（下川ら，2010）。その接点を持つために，当事者とつながっている関係機関や近隣の関係者につないでもらうことを考える必要がある。ここでも子どもや家族とつながり，関係機関などとつないでいくコミュニティ臨床の取り組みが必要である。そこで必要なコミュニケーション支援の視点や技法は従来，心理職が得意とするところである。

　田附・大塚（2018）は児童養護施設に心理職がいるメリットとして，心理査定や心理療法のみならず，発達促進的な環境を創り，子ども自身や施設内・家族内・教育機関・地域の関係性をアセスメントし，できることを見つけてケアワーカーや保護者，教員や地域の関係者などをつなぐ役割をあげている。また家族支援の役割の重要性を指摘し，親子関係の調整・親の心理的課題の整理・心理教育，養育が困難になった家族のアセスメントや家族と接する職員のコンサルテーション，子どもの内的家族像への支援をあげている。田附・下川（2019）は5年間児童養護施

90

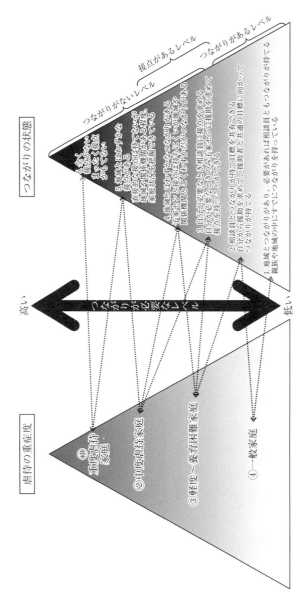

図6-2 子ども家庭支援センター相談員への聞き取りから明らかになった、児童虐待の重症度と地域とのつながりの持てなさとの関連性

（育児不安などが見られる一般家庭は地域とつながりがあり、必要があれば援助要請ができるが、地域とつながりがない、ほとんど接点がない状況になるにつれて、重度の児童虐待が起こる可能性が高くなる。）

（出典：下川ら、2010）

設に在籍した18事例から家族に児童虐待が生じる背景を分析し，養育を通じ親として承認されたい「養育への固執タイプ」，情緒的に早期の自立を図り，妊娠・出産も祖父母に預けっぱなしになる「祖父母世代の関与タイプ」，居住や就労，他者との関係性が不安定な「親の不安定タイプ」をあげている。前2者は心理的支援の効果が見込まれるが，3つ目は施設内だけでは難しく，子ども家庭支援センターなどによる地域での長期的な支援が必要なタイプである。

　松井（2012）は子ども家庭支援センターによるネグレクト家庭の男児への支援過程を報告している。家庭は養育力が弱く，ネグレクト状態になっていた男児も幼少時から万引きなどを繰り返していた。そのことで家族が地域から孤立するといった悪循環もあった。支援者が男児とつながると同時に，地域ネットワークを通じて男児や家族につながる関係機関を増やしていっている。また男児と母親とのあいだに筆者が入り，コミュニケーションの橋渡しも行っている。このことで男児の行動が変化し，家族のかかわりも変化し，地域から孤立する悪循環も変化する，「肯定的つながりの循環」が指摘されている。萩谷（2012）も子ども家庭支援センターを通じたDV家庭の母子の支援を報告している。要保護児童対策地域協議会の枠組みの中で，子ども家庭支援センターは地域の関係機関とつながっており，生活保護ワーカーや子育て支援NPOなどから心配な家族の情報がもたらされるが，虐待通告というわけではないので，接点を模索する状況であった。子どもの課題で保護者が地域の心理相談室に申し込み，そこから子ども家庭支援センターを紹介され，ようやく接点が持てている。そこで母子とつながりができると，困ったことを相談してもらえるようになり，関係者会議を開いて地域の関係機関の役割分担を確認することで，さまざまな角度から支援が得られるようになっている。子ども・家族・関係機関は有機的につながる必要がある

が，その間にもすれ違っていくやりとりが起こり，関係機関同士ですら難しくなることもある（下川ら，2010）。

5. 認知症高齢者への心理支援

　認知症高齢者は障害の程度が進むにつれ，環境をコントロールする力（パーソナル・コントロール）が低下し，基本的な欲求を満たすにも他者の援助を必要とし，多くを他者に依存せざるを得なくなる。もし周りがそこに手を差し伸べて十分な援助が行われないと，意欲は低下し，学習性無力感が増していく。下川（2005）は特別養護老人ホームの研究から，入居者のパーソナル・コントロールが高い施設は，高齢者を援助する職員のパーソナル・コントロールも高く，臨機応変に対応できる施設風土が整っている施設であることを明らかにしている。またこういった施設は入居者に積極的に人と交わろうとする意欲がわき，活気あるたまり場が形成され，在所期間が長くても健康指標の一つである移動能力が落ちにくい（図6-3）。たまり場参加が自然に生活リハビリとなり，体力が維持されるのではないか。認知症などで障害の程度が重たい高齢者のパーソナル・コントロールの高低は，環境となる介護者の支援とセットである。また臨機応変な動きができる介護者は入居者中心の視点を持つ必要があり，入居者とコミュニケーションを行いながら，そのニーズをどのように支援していくか常に考える必要がある。また介護者が入居者中心に臨機応変に動くためには，働き方を支える施設全体の考え方も必要である。

　山下（2012）は認知症高齢者の介護場面での心理職の働き方について記述している。ここでもまず認知症高齢者とつながりを作っていくのであるが，暴言・暴力や徘徊といったBPSD（Behavioral and Psychological Symptoms of Dementia）が見られる高齢者ではなかなかつながりを作

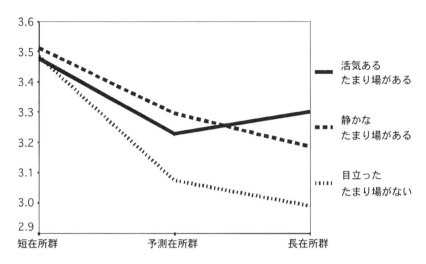

図6-3　特別養護老人施設における，たまり場の特徴と在所期間で移動能力
**　　　の低下を比較したもの**
（活気のあるたまり場がある施設群は，目立ったたまり場がなかったり，た
まり場があっても静かな施設群に比べて，特に長期在所する中で移動能力が
比較的下がりにくい。）

（出典：下川，2005）

ることが難しい。第一歩として，その背景にある認知症高齢者の主観的
世界を心理職が考えていくことを実践している。次にほかの介護者ととも
にその主観的世界をさまざまな角度から考えたり，連想することで介護
者がこれまでとは異なる新しい視点が持てると，より共感的な支援を行
うことができると指摘している。心理職が認知症高齢者とつながり，介
護者とつないでいくのである。また，たまり場や食事場面，プログラム
活動といったグループ場面では不適応や高齢者同士のトラブルが起こり
やすい。そのあいだに介護者が入っていき，両者をつないでいくケアも
可能である。また自然に起こってくるペアやグループを作れるように支

援していくことは，介護者がすべてにかかわらなくてもすれ違っていくやり取りを納めていく有効な方法である。

　川西（2012）は認知症高齢者の家族介護者が相互に支え合うセルフヘルプグループの機能を論じている。それは必ずしも介護に伴う困難の解決を目指すものではなく，専門家による治療を補うサービスの一つでもない。当初の情報交換から徐々に相互作用による共感や癒しをもたらすメンバー間のつながりの形成を促進するグループ独自の働きにこそ大きな意義があるとしている。また川西（2017）は世話人がすれ違っていくやり取りをそれとなく修復したり，孤立した参加者をつないでいく働きをしていることを指摘している。その守られた中で，対応の工夫や，一見不可解に思われる行動の背景にある動機を探る話し合いが行われている。また認知症の進行に伴う，病状の変化による変容という，よく知っている家族を失っていく「曖昧な喪失」を通じ，介護者が折り合いをつけていくためにも，語りの場が必要だと指摘している。この世話人をさらに支える場として専門家が相談に乗ったり，世話人同士の交流の機会を提供したり，利用可能な地域資源の接点を作ったりなど，ネットワークづくりの重要性を論じている。

　認知症高齢者はその能力的な低下のため，周りに働きかけて自らの希望を実現していくことが不自由になっている。その不足を補う介護者が必要になるが，それは認知症高齢者とつながり，認知能力の低下のためうまく伝えられない思いを理解し，それを伝え，心理職がいなくても周りが不足を補って動けるよう，高齢者と介護者とつないでいく直接的な支援である。また日常的なカンファレンスやセルフヘルプグループを通じ，介護者それぞれが日頃から課題を主体的に考えていけるような間接的な支援も必要である。心理職によるコミュニケーション支援とはそれらをトータルに取り組んでいく必要があるのではないだろうか。

6.　まとめ

　以上，福祉領域における貧困や児童虐待，発達障害などを伴う子ども，認知症高齢者などへの心理臨床的観点からの関係性へのコミュニケーション支援について事例をあげ，考察してきた。上記で見てきたように，福祉領域における地域の中で心理職が行う支援の可能性は，学習支援・学級支援・実態調査・グループワーク・ネットワーク作り・家族支援・養育支援・セルフヘルプグループ支援など幅広い。治療（作業）同盟を作ることができ，心理臨床の専門的援助に乗ることができる当事者に対してはこれらの支援アプローチの提供と，そのことによってどのような効果があるのか検討することが可能である。

　しかしながら，第3章で考えたように，福祉領域では専門的援助を提供するまでに至らない当事者も数多い。このような当事者に対し，心理職による専門的援助中心の支援の提供は可能であるが，当事者が支援者と治療（作業）同盟が結べなければ有効な支援となり得ないばかりか，途中でドロップアウトしてしまう結果になることも多い。そのため，当事者と接点を持ってつながりを作るもう一工夫が必要となる。それが接点を持つために地域の中で幅広いネットワークを作っていくこと，接点を持った後はつながりができるまで支援者と当事者とのあいだですれ違っていくやりとりを含んだ右往左往を経験していくことなどが必要となる。一旦，つながりができると，当事者と支援者はある程度，視点を共有することができるので，すれ違っていくやりとりをかなりの程度，乗り越えていくことができる。これらは当事者の関係性に対するつながりを作っていく支援である。

　そのつながりの中で必要な支援は，当事者が自らの課題を理解し，どうしたいか考え，それを周りに伝えていくことができるようにお手伝い

することである。これは当事者とその周囲に対するコミュニケーション支援と考えることができる。心理職が当事者と必ずしも治療（作業）同盟を結んで専門的援助を行うことが難しい場合でも，当事者とつながりを作り，当事者が自分自身や周りとのコミュニケーションができるように支援を組み立てていくことは可能なのではないか。この点が心理職が行う福祉領域の支援の視点として不可欠であると考えられる。

引用・参考文献

阿部彩（2008）.『子どもの貧困―日本の不公平を考える』岩波新書

阿部彩（2014）.『子どもの貧困Ⅱ―解決策を考える』岩波新書

萩谷克子（2012）. DVにより転居を繰り返す家庭への支援：下川昭夫編著.『コミュニティ臨床への招待―つながりの中での心理臨床』. 156-161. 新曜社

姫野桂（2019）.『発達障害グレーゾーン』扶桑社

磯上実花・下川昭夫（2019）. 心理職は他職種と協働をいかに育むか―母子生活支援施設職員との子ども支援―. 心理臨床学研究. 37（3）. 227-237

磯上実花・下川昭夫（2018）. 境界線の知的機能を示す子どもに対する地域における心理的支援の可能性―学生による支援の1事例―. 学校メンタルヘルス. 21（1）. 99-107

川西智也（2012）. 認知症者の家族介護者が集うセルフヘルプ・グループにおけるつながりの様相―グループ内でのつながり，グループ外とのつながり：下川昭夫編著.『コミュニティ臨床への招待―つながりの中での心理臨床』. 110-116. 新曜社

川西智也（2017）. 地域臨床における家族会の役割と専門職に求められる支援―フィールドワークからの考察―. 48-55.（小海宏之・若松直樹.『認知症ケアのための家族支援―臨床心理士の役割と多職種連携―』クリエイツかもがわ）

松井利恵（2012）. 子どもとつながりを作る視点とは？今を支えるつながりづくり―小学生男児の事例を通して：下川昭夫編著.『コミュニティ臨床への招待―つながりの中での心理臨床』. 150-155. 新曜社

文部科学省（2017）障害のある学生の修学支援に関する検討会報告（第二次まとめ）. http://www.mext.go.jp/component/b_menu/shingi/toushin/__icsFiles/afieldfile/2017/04/26/1384405_02.pdf（2019年3月3日取得）

下川昭夫（2003）．総合地域臨床活動の考え方と実際―下関におけるママ・ネットの試み―：村山正治編著．『コミュニティ・アプローチ特論』．73-87．日本放送出版協会

下川昭夫（2005）．特養施設におけるたまり場の重要性．東京都立大学人文学報．358．47-61

下川昭夫・田附あえか・塩谷隼平・大塚斉（2007）．小学校における子育て支援の効果について―コミュニケーション不全からの回復のための支援とは―．人文学報．380．89-113

下川昭夫・更科友美（2008）．自己組織化する有機的な「地域ネットワーク」が構成される要因について―「ママねっとわーく」における「有機的なつながり」と「共通の視点」の意味．中田行重編「平成17年度から19年度科学研究費補助金研究成果報告書：大学を拠点とする地域臨床心理学の展開に関する研究―地域ニーズにあった柔軟な実践および教育のあり方を求めて―」．157-170

下川昭夫・松井利恵・萩谷克子・大八木慶子・大八木淳史（2010）．子ども家庭支援センターにおける相談員の役割と課題について―相談員による子どもや家庭とのつながりづくりが基本―．首都大学東京　東京都立大学人文学報．425．31-60

下川昭夫編著（2012）．『コミュニティ臨床への招待―つながりの中での心理臨床』．新曜社

下川昭夫（2017）．支援がとどきにくい子どもたちに目を向ける必要性．心理臨床学研究．35（2）．168-179

山下真里（2012）．介護者とつながりにくい認知症高齢者の心理を読み解くことでつながりを作る試み：下川昭夫編著．『コミュニティ臨床への招待―つながりの中での心理臨床』．104-110．新曜社

田附あえか・大塚斉（2018）．児童養護施設における心理職の役割と家族支援―子どもが育つ場での心理的援助―：日本家族心理学会編．『福祉分野に生かす個と家族を支える心理臨床』．51-61．金子書房

田附あえか・下川昭夫（2019）．児童虐待が発生する過程とその心理的支援に関する記述のこころみ―児童養護施設入所26事例の分類から―．日本心理臨床学会第38回大会発表論文集

7 | 福祉領域における心理的支援の実践③ 暴力被害者への心理支援

坪井裕子

《**目標＆ポイント**》 家庭内での暴力や性的暴力など，暴力被害者への心理支援は，欠くことのできないテーマである。暴力被害者への対応について臨床現場の実践を中心に解説する。暴力被害についての基本を理解することを目標とする。
《**キーワード**》 家庭内暴力（DV，IPV），配偶者暴力相談支援センター，エンパワメント

1. 暴力被害者とは

暴力被害について考える際，世界に目を向けると，戦争，テロなど大きな暴力にかかわる社会的問題が今もなお起きている。殺人事件，傷害事件，性暴力事件等々の犯罪による被害もあるだろう。さらに，身近な関係性の中でも，家庭内暴力（Domestic Violence：DVあるいはIntimate Partner Violence：IPV）や虐待（児童だけでなく高齢者や障害者への虐待など）も問題となっている。本章では身近な問題であるDV・IPVを中心に暴力被害者への心理的な支援について述べることとする。

（1） 家庭内暴力

家庭内での暴力というと，子どもが親に対して暴力を振るう場合と親が子どもに暴力を振るう場合（虐待），さらに夫婦（配偶者）間暴力などが考えられる。この章では，家庭内暴力の中でも関係性の近いあいだ

で起こる暴力であるDV（あるいはIPV：以降まとめてDVと示す）に焦点を当てる。DVは配偶者間暴力あるいは夫婦間暴力と言われるものである。

　2001（平成13）年に「配偶者からの暴力の防止及び被害者の保護等に関する法律」（DV防止法と略す）が制定され，これまでに数回（2004年，2007年，2013年）の改正が行われている。ここで言う配偶者や夫婦とは，男性・女性を問わず，戸籍上の夫婦だけでなく，婚姻の届け出はしていないが事実上の婚姻関係と同等のもの，生活の本拠を共にする交際相手などを含む。また，別居中の夫婦，元配偶者（離婚後も暴力被害を受け続ける場合），なども含まれている。この法律で言う「暴力」とは，身体的暴力（身体に対する不当な攻撃であって生命または身体に危害を及ぼすもの）だけでなく，心身に有害な影響を及ぼす言動（精神的暴力・性的暴力等）も含んでいる。なお，子どもの面前での夫婦間暴力（いわゆる面前DV）は，児童虐待防止法において心理的虐待に当たるとされている。このDV防止法第10条では，「配偶者からの身体に対する暴力又は生命等に対する脅迫（被害者の生命又は身体に対し害を加える旨を告知してする脅迫）」を受けた被害者が，配偶者からの身体に対する暴力により，「その生命又は身体に重大な危害を受けるおそれが大きいとき」は，「被害者の生命又は身体に危害が加えられることを防止するため」，被害者からの申立てにより，裁判所が配偶者に対して，保護命令を出すことができる。保護命令に違反した者は，1年以下の懲役又は100万円以下の罰金に処せられることとなっている。

　警察庁が公表した平成30（2018）年度における統計からDV被害の実態を以下に紹介する。配偶者等からの暴力に関する相談等の件数は，継続して増加しており，2018年は7万7,482件（前年比＋5,027件）とDV防止法施行後最多となっている。保護命令違反の検挙は，2018年は71件

（前年比－9件）と2015（平成27）年以降減少している。一方で，配偶者からの暴力事案等に関連する刑法犯・特別法犯の検挙は，2018年は9,017件（前年比＋675件）であり，継続して増加している。ストーカー事案への対応に関して，相談等件数は，2018年は2万1,556件（前年比－1,523件）と減少したが，2012（平成24）年以降依然として高水準で推移している。被害者と加害者の関係は，交際相手及び配偶者が約半数であり，面識なし及び行為者不明が約15％であった。ストーカー規制法に基づく警告は，2012年以降増加していたが，2017（平成29）年から減少し，2018年も2,451件（前年比－814件）と減少している。禁止命令等は，緩やかな増加傾向にあったが，2017年から急増，2018年も1,157件（前年比＋495件）と急増し，法施行後最多となっている。ストーカー規制法違反の検挙は，2012年以降増加していたが，2018年は870件（前年比－56件）と減少した。一方，ストーカー事案に関連する刑法犯・特別法犯の検挙は，2012年以降高水準で推移していたが，2017年から減少し，2018年も1,594件（前年比－105件）と減少している。

（2）内閣府の調査より

　内閣府男女共同参画局が男女間の暴力や性被害に関するさまざまな調査を行っている。そのうちいくつかを紹介する。

　内閣府の「男女間における暴力に関する調査」（2017年）によると，これまでに結婚したことのある者のうち，配偶者から「身体的暴行」，「心理的攻撃」，「経済的圧迫」または「性的強要」のいずれかについて「何度もあった」とする者の割合は女性13.8％，男性4.8％，「1，2度あった」とする者の割合は女性17.5％，男性15.1％となっており，1度でも受けたことがある者の割合は女性31.3％，男性19.9％となっている（図7-1）。

　2018（平成30）年3月に発表された内閣府による「男女間の暴力に関

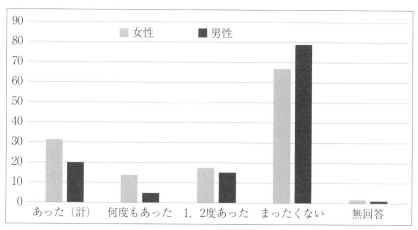

図7-1　配偶者からの暴力経験（%）
（出典：内閣府ホームページデータを基に筆者作成）

する調査」によると，配偶者等からの暴力に関する認知度の調査では，
暴力と認識される15項目の行為をあげて，それが夫婦間で行われた場
合に「暴力」に当たると思うかという意識を聞いている。「どんな場合
でも暴力に当たると思う」と考える人が多いのは，"身体を傷つける可
能性のある物でなぐる"（93.2％）と，"刃物などを突きつけて，おどす"
（90.9％）で，9割以上の人が『暴力に当たる』と認識している。また，
"足でける"（85.0％），"嫌がっているのに性的な行為を強要する"（77.3％）
は約8割の人が「どんな場合でも暴力に当たると思う」と考えている。
一方，「暴力に当たるとは思わない」は，"他の異性との会話を許さない"
（18.2％），"家族や友人との関わりを持たせない"（12.9％），"交友関係
や行き先，電話・メールなどを細かく監視する"（11.5％）で1割を超
えている。この調査結果から，身体的な暴力は「暴力」と認識されやす
いが，精神的な強要や束縛は「暴力」と認識されにくいことが示された
と言える。

　さらに，内閣府による海外のDV対策に関する調査（2019（令和元）年）では，DV被害者支援を進めるための一つの方策として，加害者プログラムについての検討がなされている。それによると，日本の被害者支援機関におけるDV事案のリスクアセスメントは，国から一定のリスクアセスメント指標が示されていないことにより，各支援機関において独自に取りまとめられた指標等が用いられているのが現状であると指摘されている。また，それらの指標に関する妥当性や，指標に基づくアセスメント結果の分析も実施されていない状況にあるとのことである。日本においては，「DV事案に関する情報共有のための根拠が明確でない」ことから，被害者の安全確保のために必要な情報を支援関係機関のあいだで共有することが難しい，との課題があげられている。

（3）DVのサイクルと被害者の心理状態

　DVにはサイクルがあると言われている（ウォーカー，1997）。夫婦のあいだでちょっとしたいざこざやイライラが募る「緊張の蓄積期」があり，それが限界を超えると「爆発期」（暴力を振るう）となる。しかし，爆発した後に，反省して謝ったり，もう暴力は振るわないと言って優しくしたりする「開放期」（ハネムーン期ともいう）が訪れる。しかし，その期間は長く続かず，また緊張の蓄積期となり，爆発するというサイクルを繰り返すというものである（図7-2）。加害者は暴力によって自分を優位な立場に置き，被害者に対して「お前が悪い」などと罵倒する，その一方で，たまに優しくすることもあるので，被害者は「本当はいい人なのかもしれない」と思ってしまうことすらある。

　客観的に見れば，暴力を受けている被害者は，暴力から逃げればよいのではないかと考えられるだろう。しかし実際は，なかなか逃げることが難しい。どうして逃げることが難しいのだろうか。これについては，

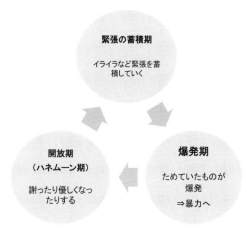

図7-2　DVのサイクル
（出典：ウォーカー（1979）を基に筆者作成）

　さまざまな考え方があるが，被害者の心理状態としては，日ごろから暴力による支配を受けているため，主体的な行動ができにくくなるということが言える。「学習性無力感」（セリグマン＆マイヤー，1967）の概念から説明されることもある。解決困難な問題や逃げることのできない状況におかれ，身体的，精神的ストレスにさらされ続けると，「何をしても無駄だ」というように，自らの行動の無効性を認知し，無気力に陥ってしまう。自ら行動する主体性を失うことが多く，被害から抜け出せなくなってしまうのである。

　また，暴力による支配の影響で「自分が至らないために暴力を振るわれるのは仕方がない」と思い込まされて自責感にとらわれている方もいる。「逃げたら何をされるかわからない」という強い恐怖心や，「暴力がない時が本当の相手の姿なのだ」といった思い，現実的に加害者から逃げた場合の経済面や，生活の基盤を失うことへの不安感を抱く方も多く

いる。これらの理由で，「自分さえ我慢すればいい」と考えて，相談できずにいる被害者も一定数いると考えられる。

それでは，このような状況にある被害者に対してどのような心理的支援の可能性があるのかを次に述べることとする。

2. 暴力被害者への支援

（1）配偶者暴力相談支援センターにおける支援

DV被害者に対して相談や支援の中心を担う機関として，配偶者暴力相談支援センターがあげられる。前述したように，配偶者からの暴力は，家庭内で行われることが多く，外部から発見することが困難なことが多い。また，被害者も加害者からの報復や家庭のさまざまな事情から支援を求めることができない場合も多い。そのため，DVに気付いた周囲からの働きかけ（相談窓口へのつなぎ）が重要になってくる。DV防止法第6条第1項において，暴力を発見した者はその旨を通報するよう努めなければならないとされており，通報先は配偶者暴力相談支援センターまたは警察とされている。

配偶者暴力相談支援センターは，2002（平成14）年4月1日から，各都道府県において業務が開始された。都道府県が設置する婦人相談所，その他の適切な施設において，配偶者暴力相談支援センターの機能が果たされることとなった。また，市町村も自らが設置する適切な施設において，配偶者暴力相談支援センターの機能を果たすよう努めることとなっている。配偶者暴力相談支援センターでは，配偶者からの暴力の防止および被害者の保護を図るため，相談機関の紹介や，必要に応じてカウンセリングなどが行われている。また，被害者および同伴者（子どもなど）の緊急時における安全の確保および一時保護も行われることがある。被害者が自立して生活することを促進するための情報提供その他の

援助，被害者を居住させ保護する施設の利用についての情報提供，保護命令制度の利用についての情報提供など，多岐にわたる支援が行われている。平成30（2018）年度の全国238カ所ある配偶者暴力相談支援センターにおける相談件数は，114,481件であった。そのうち女性からの相談が112,076件（97.9％）とほとんどを占め，男性からの相談は2,405件（2.1％）であった。緊急時における安全の確保を行った件数は600件，そのうち民間団体等の施設で保護した件数が255件（42.5％）と最も多く，次いで自らの施設での保護が128件（21.3％），ホテル70件（11.7％）の順であった。

　具体的な支援については各地でさまざまな取り組みがされている。例えば名古屋市では，DVの被害を受けた母親とその子ども向けの親子支援プログラム事業（子どもの年齢別の親子グループ，計5回）が行われている。DV環境から離れて新しい生活を始めようとする時期に，親子で参加することによって，母と子の精神的支援の充実と親子関係のつながりの回復を目指すものである。また，配偶者からの暴力被害を受けた経験のある者が集まるサポートグループも開催されている。同じ経験や悩みを有する者同士で集まって語り合い，体験や感情を共有したり情報を交換し合ったりすることにより，精神的な回復や自立を目指す気持ちづくりを目的とするものである。このほか，役所の閉庁日でも相談ができるDV被害ホットラインや，男性DV被害者ホットライン（男性の臨床心理士が対応するもの）などが設けられている。

　このように，配偶者からの暴力に対する相談支援体制は整いつつある。一方で，先述した諸外国のDV対策の調査結果（内閣府，2019）においては，DV対策において被害者が逃げることのみを前提とすると，加害者対応の必要性が感じられにくく，議論の進展や対策の発展が望めないことが指摘されている。調査のまとめには，「被害者が不利益を受ける

ことなく安全な生活を送るためには，加害者自身に行動変容を促し再加害のリスクを減少させるという，加害者にアプローチする方向にDV対策の舵取りを根底から変革する必要性が認められる」とされている。したがって，被害者の安全を確保するのは当然のことであるが，保護して終わりではなく，加害を減らすための取り組みも，今後，必要とされると考えられる。

（2）DV相談での留意点

　ここでは，DV被害者への支援場面での留意点について述べる。暴力による被害の影響で，被害者は自ら行動する主体性を奪われていることが多いということは既に述べたとおりである。周囲から見ると，早く暴力被害から逃れればよいのに，どうして離婚しないのかなどと，歯がゆい思いや，いらだたしい気持ちを感じさせられることもあるかもしれない。そのような際に，支援者側は，早急な解決のための助言をしたくなる点に注意が必要である。

　被害者の安全確保は第一に考えながらも，その先の生き方について，被害者本人が自ら考え行動できるようになるための支援が重要なポイントとなる。助言に従っているばかりでは，新たな依存関係を生みかねないと考えられるからである。そのためにも適切な情報提供と，心理教育は大切であり，その上で被害者の意思を尊重することが望ましい。被害者が主体性を回復し，自分で判断して行動できるようなエンパワメントが求められると言える。

3．暴力被害者に対するいくつかの取り組み

（1）母子生活支援施設における取り組み

　母子生活支援施設とは，児童福祉法第38条で「配偶者のない女子または
はこれに準ずる事情にある女子及びその者の監護すべき児童を入所させ
て，これらの者を保護するとともに，これらの者の自立の促進のために
その生活を支援し，あわせて退所した者について相談その他の援助を行
なうことを目的とする施設」と定められた児童福祉施設である。近年で
は，DV被害や児童虐待等を背景にした心理的な課題を抱えた利用者の入
所が増えており，施設に求められる役割や機能は多様化してきている。
2001（平成13）年からは，母子生活支援施設にも心理職が配置されるよ
うになり，必要に応じて，母子への個別心理療法等の支援も行われるこ
ととなった。

　母子生活支援施設における心理職に関する調査（木元，2018）による
と，常勤心理職が配置されているのは民設民営の施設では64.2％であ
るのに対し，公設民営で29.9％，公設公営では5.2％とまだまだ導入が
遅れていることが明らかになっている。また木元（2018）は，DV被害か
ら逃げてきた子どものプレイセラピー事例を紹介している。DV家庭に
いた子どもたちの中には，家庭の中で緊張して生活してきたことから，
常にイライラしていたり，ちょっとした物音に過敏に反応したり，落ち
着きがないなど，いわゆる過覚醒状態を示す子どもがいると述べている。
施設での安心感の得られる環境づくりのもと，子どもへのセラピーを通
して攻撃的言動などの表現の理解と修正が行われ，施設スタッフとのか
かわりを通して，自己肯定感が高まっていったことが示されている。ま
たDVは被害女性の母親としての機能を低下させることについても述べ
られている。施設職員が母子のあいだに入ったり，心理職によるカウン

セリングを母親が受けたりすることで，母子関係の調整も可能となったことが示されている。

このようにDVによる影響を受けている母親および子どもの双方に，母子生活支援施設ならではの生活全体を含めた「チーム支援」が行われること，さらに必要に応じて，母子それぞれへの個別の心理支援が行われることが重要であると言える。それによって，母子ともに心理的な回復につながっていくと言えるだろう。

（2）児童養護施設の例

児童養護施設は，児童福祉法第41条で「乳児を除いて，保護者のない児童，虐待されている児童その他環境上養護を要する児童を入所させて，これを養護し，あわせてその自立を支援することを目的とする施設」とされている。身体的虐待という暴力被害にあってきた子どもや，面前DVにさらされてきた子どもたちもいる。暴力による支配は，子どもたちの心身の発達にも影響を及ぼしている。そのため，児童養護施設では，平成11（1999）年度から虐待を受けた子どもの増加への対応として，心理職が配置されることとなった。現在では常勤の心理職が配置されている施設も増えてきている。虐待に関連した課題や，性や暴力を介した問題行動への対応が求められるようになってきている。暴力被害，性被害への対応として，心理教育プログラムなどの取り組みを行っている施設も多い。ここではそのうちのある施設の取り組みを紹介する。

この施設では，性や暴力に関連した課題に対応するために，「生（性）・暴力・生い立ちプログラム」を行っている。幼児から中高生まで年齢に応じたプログラムを組んでいる。小学校5，6年生向けのプログラム例を表7-1に示す。

「生」に関しては，命の仕組みを知ること，自分がこの世に生まれて

表7-1　心理教育プログラムの例（小学校5，6年生向け）

ジャンル	タイトル	内容
生	命の仕組みと産道体験	命の誕生から、出産までを知る。　産道体験を行う。
	生い立ちの旅・未来の旅	写真を見てこれまでの生い立ちを振り返る(育ちアルバム)。
		小学6年生や、中学校入学後の生活をイメージする。
性	二次性徴	思春期のからだと心の変化を知る。(※プライベートゾーン含む)
自分と他人を知る	コミュニケーション(アンガーマネジメント)	適切な言葉や態度について話し合う。怒りのコントロールを学ぶ。
	不審者対応・防犯	不審者に遭遇したときの対応を知る。

（出典：柴田ら（2014）を参考に筆者作成）

きたことを肯定的に受け止められるようなメッセージを子どもたちに送っている。「性」のプログラムでは，第二次性徴など心身の変化と自分の身体を大切にすることを学ぶ。性的被害にあった子どももいることから，個々の事情に配慮して心理教育が行われている。暴力への対応や，他者との良好なコミュニケーションを学ぶために「自分と他人を知る」というジャンルを設けている。身体的虐待や面前DVなどの暴力にさらされてきた子どもたちの中には，感情のコントロールが難しい子どもたちも多い。そのため，まずは自分の感情を知ること，特に怒りの感情のコントロールに焦点を当てたプログラムなども行われている。

　暴言・暴力を防ぐためには，しかったり，指導したりするだけでは，表面的に押さえているだけになる。相手の気持ちを考え，優しい言葉かけができるようになるためには，自分の気持ちを大事にしてもらう経験，自分を尊重してもらう経験が必要である。施設に入所してきている子どもたちは，心理教育プログラムでお互いを尊重することを学ぶとともに，必要に応じて個別の心理療法を受け，施設の生活の中で一人ひとりが大事にしてもらえる経験を積み重ねていくことが必要である。そのような経験を通して，子どもたちが力による支配から抜け出して，自分らしく生きていけるようになることを願っている。

（3）まとめ

　この章で述べてきたように，暴力は，被害者側の主体性を奪う。力による支配によって，自らの意志で行動することが難しくなる。このことを念頭に置いて，被害者が主体性を回復し，自分を大切にしながら生きていけるように支援することが一番の基本である。

引用・参考文献

警察庁ホームページ（2019）．平成30年におけるストーカー事案及び配偶者からの暴力事案等への対応状況について（平成31年3月28日）．生活安全局生活安全企画課・刑事局捜査一課
　https://www.npa.go.jp/safetylife/seianki/stalker/H30taioujoukyou_shousai.pdf（2020年2月1日アクセス）
木元卓也（2018）．母子生活支援施設における心理支援業務の構築に関する研究～新しい社会的養育ビジョンを受けて～．宇部フロンティア大学附属地域研究所年報．8（1）．10-24
名古屋市ホームページ（2019）．配偶者暴力相談支援センター
　http://www.city.nagoya.jp/kurashi/category/19-3-3-13-0-0-0-0-0-0.html（2020年2月1日アクセス）
内閣府男女共同参画局（2019）．男女共同参画白書　令和元年度版　第6章第1節　配偶者等からの暴力の実態
　http://www.gender.go.jp/about_danjo/whitepaper/r01/zentai/html/zuhyo/zuhyo01-06-01.html（2020年2月1日アクセス）
内閣府男女共同参画局（2019）．「配偶者等からの暴力の被害者支援における危険度判定に基づく加害者対応に関する調査研究事業」報告書（令和元年8月）
　http://www.gender.go.jp/policy/no_violence/e-vaw/chousa/pdf/r0108_kikendo_report.pdf（2020年2月1日アクセス）
Seligman, M. E. P. & Maier, S. F.（1967）．Failure to escape traumatic shock. Journal of Experimental Psychology. 74. 1-9

柴田一匡・坪井裕子・三後美紀・米澤由実子（2014）．児童養護施設における「性・暴力・生い立ち」に関する心理教育プログラムの取り組み．子ども虐待防止世界会議名古屋2014抄録集．136

Walker, E. L.（1979）．*The Battered women.*『バタードウーマン―虐待される妻たち』（1997）．斎藤学・穂積由利子（訳）．金剛出版

8 │ 福祉領域における心理的支援の実践④ 児童虐待への心理支援 I

坪井裕子

《目標＆ポイント》 児童虐待は大きな社会問題であり，公認心理師が取り組むべき喫緊の課題である。この章では児童虐待の基本的知識と心理的支援の実際を紹介する。児童虐待についての基本を理解することを目標とする。
《キーワード》 虐待の定義，愛着形成の阻害，心的外傷後ストレス障害（PTSD）

1. 児童虐待とは

（1） 児童虐待の定義

　近年，保護者による虐待で子どもが命を落とすという痛ましい事件が続いている。子どもへの虐待は重大な「人権侵害」であると見なされるものである。「児童の虐待防止等に関する法律」（児童虐待防止法）は平成12（2000）年に制定されており，その第一条に「児童虐待が児童の人権を著しく侵害し，その心身の成長及び人格の形成に重大な影響を与えるとともに，我が国における将来の世代の育成にも懸念を及ぼすことにかんがみ」児童虐待防止に関するさまざまな施策を促進し，「児童の権利利益の擁護に資することを目的とする」と記されている。この法律の第二条に虐待の定義が次のように示されている。「この法律において『児童虐待』とは，保護者（親権を行う者，未成年後見人その他の者で，児童を現に監護するものをいう）がその監護する児童（18歳に満たない者）について行う次に掲げる行為をいう」として，身体的虐待，性的

虐待，ネグレクト，心理的虐待があげられている。その後この法律は見直しが何度か行われ改正されている。保護者以外の同居人による虐待と同様の行為があった際にそれを放置することも，保護者としての監護を怠ることとされ，ネグレクトに含まれている。また，児童が同居する家庭における配偶者などに対する暴力（いわゆる面前DV）も，心理的虐待に含まれている。つまり，子どもの面前で配偶者やその他の家族などが暴力にさらされること（暴力の目撃）が心理的虐待に含まれるようになったのである。子ども自身が直接暴力を受けていなくとも，暴力を目撃することは，子どもの心に恐怖を与え，心の発達に良くない影響を及ぼすと考えられることから，DVの目撃も心理的虐待の一種に含まれるとした。これらの法改正によって，虐待の定義が従来よりも広がったと言える。児童虐待の行為類型を表8-1に示す。

（2）児童虐待の実態

　子どもの人権を守り，命を救うために，法律が見直され改正されているものの虐待件数は増加の一途である。そこで児童虐待の実態について述べる。厚生労働省（2019）のデータ（令和元年8月1日公表）によると，平成30（2018）年度中に，全国212か所の児童相談所が児童虐待相談として対応した件数は159,850件（速報値）で，過去最多となっている。特に，心理的虐待に係る相談対応件数が平成29年度は72,197件だったものが平成30年度は88,389件となっており，16,192件増加している。警察等からの通告も平成29年度は66,055件だったが，平成30年度は79,150件と13,095件増えている。これは，児童が同居する家庭における配偶者に対する暴力がある事案（面前DV）について，警察からの通告が増加したためであるということが，相談件数が大幅に増えた都道府県からの聞き取りで示されている。

表8-1　児童虐待の行為類型

身体的虐待（第1号）	・外傷としては打撲傷，あざ（内出血），骨折，頭部外傷，刺傷，タバコによるやけど，など。 ・生命に危機のある暴行とは，首を絞める，殴る，蹴る，投げ落とす，熱湯をかける，布団蒸しにする，溺れさせる，など。 ・意図的に子どもを病気にさせる，など。
性的虐待（第2号）	・子どもへの性交，性的暴力，性的行為の強要・教唆など。 ・性器や性交を見せる。 ・ポルノグラフィーの被写体などに子どもを強要する。
ネグレクト（第3号）	・子どもの健康・安全への配慮を怠っているなど。例えば，（1）重大な病気になっても病院に連れて行かない，（2）乳幼児を家に残したまま外出する，など。 ・子どもの意思に反して学校等へ登校させない ・子どもにとって必要な情緒的欲求に応えていない（愛情遮断など）。 ・食事，衣服，住居などが極端に不適切で，健康状態を損なうほどの無関心・怠慢など。 ・子どもを遺棄，置き去りにする。 ・同居人などが1，2，4号の行為をしているにもかかわらず放置すること。
心理的虐待（第4号）	・ことばによる脅かし，脅迫など。 ・子どもの自尊心を傷つけるような言動など。 ・他のきょうだいとは著しく差別的な扱いをする。 ・配偶者や他の家族に対する暴力や暴言（面前DVなど） ・子どものきょうだいに1〜4号の行為を行う，など。

（出典：日本子ども家庭総合研究所編「子ども虐待対応の手引き」（2014）より一部抜粋して筆者作成）

　虐待相談の内容別に見ると，平成30年度は，心理的虐待の割合（55.3％）が最も多く，次いで身体的虐待（25.2％），ネグレクト（18.4％），性的虐待（1.15％）の順であった。平成25（2013）年から，きょうだいへの虐待も心理的虐待と見なされるようになり，この年から心理的虐待の

割合が身体的虐待の割合よりも多くなっている。

　平成30年度に，児童相談所に寄せられた虐待相談の相談経路は，警察等（50％），近隣知人（13％），家族（7％），学校（7％）等からの通告の順である。警察からの通告が多くなっている。

（3）児童虐待が発見されてからの対応の流れ

　児童虐待防止法第五条では，学校，児童福祉施設，病院など，児童と職務上関わる機関等の職員に対し，「児童虐待を発見しやすい立場にあることを自覚し，児童虐待の早期発見に務めなければならない」と記されている。第六条では，虐待が疑われる場合の通告の義務（児童福祉法第25条と同様）が示されている。これは広く国民一般に課せられているものである。しかし実際には，近所に気になる子どもや家族があっても，虐待かどうか確証がないと通報することをためらう場合もあるだろう。その結果，発見が遅れて対応が後手に回る事件も報道されている。したがって，子どもに実際に関わる立場の大人が，子どもの様子を気にかけ，よく観察しておくことが虐待の早期発見に役立つと言えるだろう。逆に，周囲の目が届きにくい家庭，地域からから孤立している家庭では，虐待が見つけられにくいとも言える。周囲とのつながりのない家庭に対しては，母子保健や子育て支援の施策とも連動して，アウトリーチ型の支援が求められる。

　児童虐待をしている保護者に対応するのは容易ではない。通告があると児童相談所の職員が保護者から事情を聞こうとするが，最初のコンタクトで苦労することが多い。児童相談所に対して完全に対決姿勢をとったり，連絡を無視する保護者もいる。子どもの姿が見えない場合，子どもの安否確認をしなくてはならない。保護者が拒否しても，子どもの命を守るために毅然と対決しなければならない場面もある。児童相談所の

職員の抱える仕事上の難しさとして，毅然と枠組みを明確化すること，つまりリミットセッティングする役割と，保護者に共感を示す役割の両方を担わなくてはいけないということである。2つの役割を個人の中で両立させるのは至難の業であり，さまざまな工夫が必要となる。

　児童虐待防止法第九条では立ち入り調査について記されている。平成20（2008）年の児童虐待防止法の改正で，児童相談所の権限が強化された。子どもの安全確認・安全確保のため，立入調査に加え，保護者に対する出頭要求をし，その後，再出頭要求に応じない場合には裁判所の許可状を受け臨検（現場に入ること）・捜索ができることになった。さらに平成28（2016）年の児童虐待防止法の改正では，臨検・捜索手続きの簡素化が行われ，再出頭要求を経なくても裁判所への許可状請求が可能となった。また児童相談所長は必要がある場合，児童の一時保護をすることができる（児童福祉法第33条）とされている。

　児童相談所は，児童虐待の通報があった場合，虐待の有無・程度を確認し，家庭にそのまま在宅していてよいか，親子分離が必要かを判断し，対応を検討していく。適切な判断をするために，専門的な情報収集と評価（アセスメント）が必要となる。児童相談所では，虐待のリスク度判定のために客観的尺度（リスクアセスメント基準）に照らし合わせて，緊急介入や緊急保護の要否の判断を行う。児童福祉司による社会的診断，児童心理司による心理診断，医師による医学的診断が行われ，一時保護の場合は，保護所職員による行動診断なども含めて総合的に判断し，包括的アセスメントを行う。

　社会的診断では，児童福祉司による社会調査によって，子どもの生育歴，社会資源からの情報収集を基に，虐待の内容・頻度，危険度の判断を行う。保護者とも話ができれば，家庭環境や親子関係の実態，虐待が疑われる状況などを確認する。子どもが通っている学校・保育園・幼稚

園などの関係機関からの情報も収集する。医師は，子どもの身体面のみならず，精神面・心理面や，行動や適応の問題などについても考慮した診察を行った上で医学的診断を行う。児童心理司は，子どもとの面接や心理検査などから，子どもの知的発達，情緒面・行動面の特徴，心的外傷の状況，親子関係や集団生活での適応について把握するようなアセスメントを行う。子ども本人の意向を確認しておくことも重要である。一時保護所では，親子分離による不安や緊張感を抱えた子どもを生活の中でケアしながら，子どもの行動や態度，生活習慣などの様子を職員が観察していく。これらの専門的見地を基に会議によって援助方針を検討していくことになるのである。

　児童相談所により，親子分離が必要であると判断された場合，子どもは，児童福祉法第27条1項3号により，乳児院，児童養護施設，児童自立支援施設，児童心理治療施設などに入所するか，ファミリーホームや里親委託となる。このうち，児童養護施設は，児童福祉法第41条で「乳児を除いて，保護者のない児童，虐待されている児童その他環境上養護を要する児童を入所させて，これを養護し，あわせてその自立を支援することを目的とする施設」とされている。平成31（2019）年3月31日現在，児童養護施設は全国に605施設あり，おおむね2歳から18歳の約3万3千人の子どもたちが入所している。虐待を受けた子どもが多く入所している施設では心のケアを行う心理職員が配置されるようになっている。しかしすべての施設に常勤の心理職員が配置されているわけではないため，虐待を受けて施設に入所している子どもの心のケアについては，まだまだ課題が多いと言える。

2. 児童虐待による子どもへの影響

　虐待は子どもの心と体に大きな影響を及ぼす。適切な養育がなされなかったことによる身体的成長の遅れだけでなく，知的発達，言語発達などにも影響があると言われている。さらに暴力による問題や愛情を得られなかったことから来るさまざまな問題についても以下に述べる。

（1）愛着の問題

　子どもは本来信頼できる養育者とのあいだで愛情の絆（愛着）を形成していく。しかし，虐待等があると，養育者とのあいだの愛着の形成が阻害されると言われている。例えば，虐待等の理由により児童福祉施設に入ってくる子どもたちの中には，人にあまり関心がないように見えたり，関わりを避けたりするような子どもたちがいる。逆に「無差別の愛着」とも言えるかのように，誰にでも寄っていく子どももいる。アメリカ精神医学会（APA：American Psychiatric Association）の「精神疾患の分類と診断の手引き」であるDSM-5（APA, 2013）によると，前者は反応性アタッチメント障害／反応性愛着障害と言われるようなタイプであると考えられ，後者は脱抑制型対人交流障害と言われるようなタイプと考えられる。いずれにしても，特定の人との適切な愛着が形成されていないことがうかがわれ，人との関係性に難しさがあることを感じさせる。このように，虐待による子どもへの影響として愛着の問題があげられ，これはその後の対人関係の持ち方にも影響を及ぼすものであると言える。

（2）心的外傷の問題

　虐待による心理的・精神的な影響の一つとして，心的外傷の問題，PTSD

（心的外傷後ストレス障害）があげられる。DSM-5（APA, 2013）によるPTSDの診断基準の一部を表8-2に示す。それによると，虐待などの心的外傷となる体験による侵入症状，回避，認知と気分の陰性の変化，覚醒度と反応性の著しい変化が主な症状とされている。侵入症状が5項目中1つ以上，回避が2項目中1つ以上，認知と気分の陰性の変化が7項目中2つ以上，覚醒度と反応性の著しい変化が6項目中2つ以上，当てはまることが基準となる。さらに，それらの症状が1カ月以上持続し，それにより臨床的な苦痛または社会的，職業的，ほかの重要な機能の障害が引き起こされている場合に，医学的には「PTSD」と診断される。子どもの場合，外傷特異的な再演である「再現される遊び」として見られることがあると述べられている。例えば，バットで殴られるという虐待を受けてきた子どもが，保護された後に，人形を棒で叩くという遊びをしていたケースがある。

　ほかにも具体的にはどのような状態になるのだろうか。例えば，「侵入症状」の例では，トラウマとなる体験がよみがえる（これをフラッシュバックという）ことがあり，虐待を受けた状況と似た光景，何らかの音や匂い，なにげない言葉などが，その引き金になることがある。子どもの場合は怖い夢を見るということもある。虐待に関わる話題に触れないようにするのは「回避」の例である。人が信用できない，関わりたくないという気持ちになるのは「認知と気分の陰性の変化」の例であり，神経が高ぶってなかなか寝付けない，ちょっとした物音にびくっとする，知らない人とすれ違うだけで緊張してしまう，などは「覚醒度と反応性の著しい変化」の例である。虐待の場合は，1回だけのトラウマ体験ではなく，慢性的に繰り返し継続的に行われている場合が多いため，トラウマによる影響も複雑に絡み合ってくることがある。そのため，心のケアにもかなりの時間を要する。虐待を受けた子どもが示す症状や状態を

表8-2　心的外傷後ストレス障害診断基準

診断基準	
	309.81 (F43.10) 心的外傷後ストレス障害 (注:以下の基準は成人、青年、6歳を超える子どもについて適用する。6歳以下の子どもについては別途基準を参照すること)
A.	実際にまたは危うく死ぬ、重傷を負う、性的暴力を受ける出来事への、以下のいずれか1つ(またはそれ以上)の形による暴露:
(1)	心的外傷的出来事を直接体験する。
(2)	他人に起こった出来事を直に目撃する。
(3)	近親者または親しい友人に起こった心的外傷的出来事を耳にする。家族または友人が実際に死んだ出来事または危うく死にそうになった出来事の場合、それは暴力的なものであるか偶発的なものでなくてはならない。
(4)	心的外傷的出来事の強い不快感をいだく細部に、繰り返しまたは極端に暴露される体験をする(例:遺体を収集する緊急対応要員、児童虐待の詳細に繰り返し曝露される警官)
注	基準A4は仕事に関連するものではない限り、電子媒体、テレビ、映像、または写真による暴露には適用されない。
B.	心的外傷的出来事の後に始まる、その心的外傷的出来事に関連した、以下のいずれか1つ(またはそれ以上)の侵入症状の存在:
(1)	心的外傷的出来事の反復的、不随意的、および侵入的で苦痛な記憶。注:6歳を超える子どもの場合、心的外傷的出来事の主題または側面が表現された遊びを繰り返すことがある。
(2)	夢の内容と感情またはそのいずれかが心的外傷的出来事に関連している、反復的で苦痛な夢。注:子どもの場合、内容のはっきりしない恐ろしい夢のことがある。
(3)	外傷的な出来事が再び起こっているように感じる、またはそのように行動する解離症状(例:フラッシュバック)(このような反応は1つの連続体として生じ、非常に極端な場合は現実の状況への認識を完全に喪失するという形で現れる)。注:小さい子どもの場合、心的外傷に特異的な再演が遊びの中で起こることがある。
(4)	心的外傷的出来事の側面を象徴するまたはそれに類似する、内的または外的なきっかけに暴露された際の強烈なまたは遷延する心理的苦痛
(5)	心的外傷的出来事の側面を象徴するまたはそれに類似する、内的または外的なきっかけに対する顕著な生理学的反応
C.	心的外傷的出来事に関連する刺激の持続的回避、心的外傷的出来事の後に始まり、以下のいずれか1つまたは両方で示される:
(1)	心的外傷的出来事についての、またはそれと密接に関連する苦痛な記憶、思考、または感情の回避、または回避しようとする努力
(2)	心的外傷的出来事についての、またはそれと密接に関連する苦痛な記憶、思考、または感情を呼び起こすことに結びつくもの(人、場所、会話、行動、物、状況)の回避、または回避しようとする努力
D.	心的外傷的出来事に関連した認知と気分の陰性の変化、心的外傷的出来事の後に発現または悪化し、以下のいずれか2つ(またはそれ以上)で示される:
(1)	心的外傷的出来事の重要な側面の想起不能(通常は解離性健忘によるものであり、頭部外傷やアルコール、または薬物などの他の要因によるものではない)

(2)	自分自身や他者、世界に対する持続的で過剰に否定的な信念や予想（例：「私が悪い」、「誰も信用できない」、「世界は徹底的に危険だ」、「私の全神経系は永久に破壊された」）
(3)	自分自身や他者への非難につながる、心的外傷的出来事の原因や結果について持続的でゆがんだ認識
(4)	持続的な陰性の感情状態（例：恐怖、戦慄、怒り、罪悪感、または恥）
(5)	重要な活動への関心または参加の著しい減退
(6)	他者から孤立している、または疎遠になっている感覚
(7)	陽性の感情を体験することが持続的に出来ないこと（例：幸福や満足、愛情を感じることが出来ないこと）
E.	心的外傷的出来事と関連した、覚醒度と反応性の著しい変化。心的外傷的出来事の後に発現または悪化し、以下のいずれか2つ（またはそれ以上）で示される：
(1)	人や物に対する言語的または身体的な攻撃性で通常示される、（ほとんど挑発なしでの）いらだたしさと激しい怒り
(2)	無謀なまたは自己破壊的な行動
(3)	過度の警戒心
(4)	過剰な驚愕反応
(5)	集中困難
(6)	睡眠障害（例：入眠や睡眠維持困難、または浅い眠り）
F.	障害（基準B、C、DおよびEの症状）の持続期間が1ヵ月以上。
G.	その障害は、臨床的に意味のある苦痛、または社会的、職業的、または他の重要な領域における機能の障害を引き起こしている。
H.	その障害は、物質（医薬品またはアルコール）または他の医学的疾患の生理学的作用によるものではない。
▲	いずれかを特定せよ
	解離症状を伴う：症状が心的外傷後ストレス障害の基準を満たし、加えてストレス因への反応として、次のいずれかの症状を持続的または反復的に体験する。 1. 離人症：自分の精神機能や身体から遊離し、あたかも外部の傍観者であるかのように感じ、自己または身体の非現実感や、時間が進むのが遅い感覚） 2. 現実感消失：周囲の非現実感の持続的または反復的な体験（例：周りの世界が非現実的で、夢のようで、ぼんやりし、または歪んでいるように体験される） 注：この下位分類を用いるには、解離症状が物質（アルコール中毒中の意識変容、行動）または他の医学的疾患（例：複雑部分発作）の生理学的作用によるものではないのでなくてはならない。
▲	該当すれば特定せよ
	遅延顕症型：その出来事から少なくとも6か月間（いくつかの症状の発症や発現が即時であったとしても）診断基準を完全には満たしていない状態

（出典：『DSM-5　精神疾患の診断・統計マニュアル（2014）』医学書院、筆者抜粋）

丁寧に見極めつつ，慎重に心のケアに当たる必要がある。

（3）その他の問題

　虐待を受けた子どもの行動上の問題として臨床現場であげられるのが，注意集中の問題，落ち着きのなさ，多動などである。マンリー，他（Manly et al., 2001）は，身体的ネグレクト，情緒的ネグレクト，身体的虐待，性的虐待の各群の比較において，いずれの群も外向尺度得点（非行や攻撃性）が高いことを示し，どのようなタイプの虐待でも外向的問題行動に影響すると指摘している。

　坪井（2005）は児童福祉施設に入所している子どもの行動や情緒の問題について，被虐待経験のある群とない群を比較する調査を行っている。日本語版Child Behavior Checklist（CBCL：井潤・上林・中田・北・藤井・倉本・根岸・手塚・岡田・名取，2001）を用いて，職員が記入した結果を検討している。それによると，被虐待経験のある群（A群）は被虐待経験のない群（N群）の子どもたちと比べ，「社会性の問題」，「注意の問題」，「非行的行動」，「攻撃的行動」，外向尺度得点，総得点が高い（問題がある）ことが示されている（図8-1）。また何らかのケアが必要とされる臨床域に入るカットオフポイントを超える割合が被虐待児は高く，心理的なケアの必要な子どもが多いことが明らかとなった。さらに虐待種別での検討から，ネグレクト群は「思考の問題」，外向尺度，総得点で，虐待のない群より得点が高いことが示されている。この研究で，直接，身体的な暴力を受けていないネグレクト児においても，攻撃性や非行などの外向的問題の高さが示されたことは注目すべきだと言える。

　このように虐待によって行動上の問題が引き起こされることが，いくつかの研究で示されている。これらの行動上の問題を示す子どもたちは，周囲から注意されたり叱られたりすることが多くなると考えられ，それ

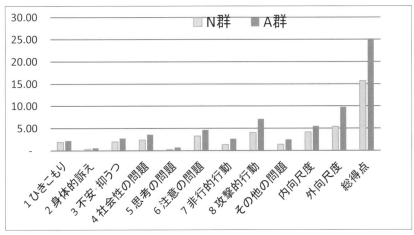

図8-1　被虐待経験の有無とCBCL各尺度の平均値

（出典：筆者作成）

にともなって自尊感情の低下や，友達関係，仲間関係の難しさを招くとも言えるだろう。また，問題や症状を示している子どもはもちろんのこと，一見，特に問題を示していないように見えても，その内面には何らかの心理的課題を抱え，ケアを必要とする子どもがいるということも考慮すべきである。実際に子どもと関わる際には，一人ひとりの特徴を丁寧にアセスメントし，その子どもに応じた心理的な支援や生活上のケアを組み立てていく必要がある。そこで，次に虐待を受けた子どもへの心理的支援や心理治療について述べることとする。

3. 児童虐待への心理支援

（1）安心・安全な生活環境の保障

　子どもたちへの心理的支援を有効にするためには，まず安心・安全な環境が大前提となる。児童相談所は保護者指導を行い，虐待継続の恐れ

がある場合は施設入所となることが多い。いつ殴られるかわからなかったり，愛情欲求が満たされなかったり，適切な食事が得られなかったりするような生活をしてきた子どもたちは，なかなか安心感が持てないであろう。親の都合で住居が転々とし，安定した生活を送ってこられなかった子どももいる。生きていく上で，衣食住の心配をしなくてよい生活が保障され，理不尽な暴力にさらされないということが前提であり，その保障がなくては心理的な支援も機能しないと言える。在宅のままの支援でも，施設入所の場合でも基本は同じである。

　児童福祉施設では，生活環境療法という考え方がある。子どもたちの安心・安全を基盤に，生活全体を通して心のケアを行うというものである。その上で，必要に応じて個別の心理療法が行われることもある。

（２）心理的支援

　虐待を受けた子どもたちには，必要に応じて個別の心理療法（セラピー）が行われる。在宅の場合は児童相談所に通ってもらうこともある。施設に入所している場合は児童相談所に通う場合と施設内での心理療法が行われることもある。主にカウンセリングやプレイセラピーなどが行われることが多い。前提となる衣食住の保障や，安心・安全な生活の安定の上に，セラピスト（カウンセラー）との関わりを通して，他者との基本的信頼関係の構築を行う。その上で，それぞれの子どもが抱えるテーマに取り組む段階があると言える。さらには，現実生活における適応の問題もあるだろう。社会生活の中で，あるいは学校や家庭で，どのように生きていけるのか，家庭の再統合はどのように行われるのか，といった現実の生活を見据えた段階である。被虐待児は自分を尊重された体験が少ない子どもたちである。自分を大切にしてもらう経験の積み重ねがあって，はじめて自分の意志を表現することができ，相手の気持ちを尊

重することにもつながると考えられる。子どもの主体性を大切にしながら心理療法が行われる。

　さらに児童福祉施設によっては，個別の心理療法以外に，子どもたちに対する心理教育が行われているところもある。暴言・暴力への対応や性教育，生い立ちの整理なども含めた心理教育的アプローチなどさまざまな取り組みがされている。

　虐待を受けた子どもたちへの心理的支援は，個別の心理療法だけでなく，生活場面も含めた施設全体での包括的な心理的支援の実践が今後も引き続き望まれるところである。

引用・参考文献

American Psychiatric Association（2013）. *Desk reference to the Diagnostic Criteria from DSM-5.* 日本語版用語監修日本精神神経学会, 髙橋三郎・大野裕監訳（2014）.『DSM-5　精神疾患の診断・統計マニュアル』医学書院

井潤知美・上林靖子・中田洋二郎・北道子・藤井浩子・倉本英彦・根岸敬矩・手塚光喜・岡田愛香・名取宏美（2001）. Child Behavior Checklist/4-18日本語版の開発, 小児の精神と神経. 41. 243-252

厚生労働省（2019）. 平成30年度児童相談所での児童虐待相談対応件数（速報値）https://www.mhlw.go.jp/content/11901000/000533886.pdf（2020年1月6日アクセス）

Manly, J.T., Kim, J.E., Rogosch, F.A. & Cicchetti, D.（2001）. Dimensions of child maltreatment and children's adjustment：Contributions of developmental timing and subtype. *Development and Psychopathology.* 13. 759-782

日本子ども家庭総合研究所編（2014）.『子ども虐待対応の手引き—平成25年8月厚生労働省の改正通知』有斐閣

児童福祉法（2019）.『児童福祉六法（平成31年版）』中央法規出版社

児童虐待の防止等に関する法律（2019）.『児童福祉六法（平成31年版）』中央法規出版社

坪井裕子（2005）. Child Behavior Checklist/4-18（CBCL）による被虐待児の行動と情緒の特徴—児童養護施設における調査の検討—, 教育心理学研究. 53. 110-121

9 | 福祉領域における心理的支援の実践⑤ 児童虐待への心理支援 II

村松健司

《目標＆ポイント》 児童養護施設で生活する子どもの高等教育進学率は今も低水準にとどまっている。また，虐待という体験が教育現場で対人関係や学習上の困難となって現れることも少なくない。そのため特別支援教育が大きな役割を果たすと考えられる。その際，心理職がどんなスタンスで支援をすべきか理解を深める。

《キーワード》 児童虐待，トラウマの影響，教育支援と特別支援学級

1. 児童虐待と学校教育

(1)「子ども」から「大人」へ

　2019年10月から幼児教育の無償化が始まり，2020年4月からは私立高校を含む高校教育の実質無償化が開始された（一部の家庭には負担がある）。家庭教育中心の一部の時期を除いて，概ね18歳までは公的な支援，つまり義務教育に準じた支援を受けて「大人」になる準備をしていく。「大人」に移行するいわば「練習期」とでも言える青年期は，産業革命後増加した中産階級の子弟が学校に通うことを許され就学率が高まったという背景があり，社会的に形成された移行期と考えられている。しかし，その青年期もモラトリアムやパラサイトシングル（学校を卒業してからも実家で生活する「大人」），いまや50代までも含めると80万人とも想定されている社会的ひきこもりなど，青年から大人への移行は簡単ではなく，もはや青年期は消滅したという主張さえある。では，「大人」

表9-1　大人の状態

生理的 大人	年齢を経て身体が大きくなり運動能力が強くなっている 生殖能力がある
社会的 大人	親から経済的に自立している 仕事や家庭で責任を果たせている
心理的 大人	落ち着いていて，小さなことで騒がない 場面に応じて使い分けられる いろいろな知恵，知識があってそれを伝えられる

（出典：小浜（2004）を基に筆者作成）

として，私たちは何を身に付ければいいのだろうか。

　小浜（2004）は，「子どもにはない能力を獲得した存在としての大人」を以下の3つの側面から整理している（表9-1）。

　ただ，自然と身体が大きくなり，成熟し，親から自立を果たすのではなく，自分を深く，また客観的に見つめることができ（省察能力），自己調整能力などさまざまな力を子どもは育んでいくことになる。先に社会的状況によって青年期が生まれたことを指摘したが，その青年を養成するために教育が施された。「子ども」が「大人」になるために，学校の存在がいかに大きいかについては，あらためて指摘するまでもないだろう。

（2）施設で暮らす子どもと学校

　3年保育なら満3歳から子どもは他児との集団活動を始めることになる。しかし，坪井（2017）の報告にもあるように，調査対象195施設では約4割が園内保育を実施しており，家庭保育の全国平均と4倍近い差があった。園内保育では，施設は「子どもの養護」も担っているため保育士が配置されており，その保育士が施設内で子どもを活動させている。4，5

歳児になると9割近くが幼稚園や認定保育園に通園しているが，それでも2015年の全国平均97.6％とは約10％の開きがある。以下述べていくが，一般家庭との就学機会の差はこの先もより大きくなっていく。

　図9-1は一般家庭と児童養護施設の子どもの高校進学率の推移である。かつては児童養護施設の子どもの高校進学率はとても低かったが，近年は私立学校に行けるようになるなど公的支援も充実しつつあり，進学率は大きく向上した。ただし，まだ一般家庭とは3％ほどの開きがあるし，部活動等のための「特別育成費」や自立準備のための「就職，大学進学等支度費」などは年々増額されているものの，施設を出た後のアフターフォローはまだ十分でないので，一般家庭の高校生と同様に先を見通せた生活を送っていると見なすには無理がある。

　また，施設で生活していること自体が「普通」ではないなどの社会的スティグマのために，施設入所児が自分の住まいをほかの生徒に打ち明けにくいという問題もある。児童養護施設は被虐待児の受け皿の一つとして知られるようになり，テレビ取材なども珍しくなくなった。このことは児童福祉の啓蒙として役立っているが，2014年，児童養護施設と

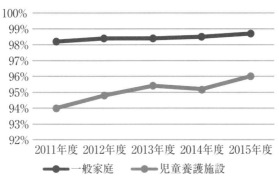

図9-1　一般家庭と児童養護施設高校進学率の推移

（出典：厚生労働省「社会的養護の現状について（参考資料）」を基に筆者作成）

かなり乖離し，デフォルメされたテレビドラマが放送されたことに代表されるように，施設の姿が正確に伝わっているとは言いがたい（注1）。筆者がかかわった子どもの中には，「施設で生活している」と言えずに，クラスメイトとの交流を避けていた子どももいた。そういう先入観への対策として，子どもの居室にアパート風の名前をつけ，郵便などが届く工夫をしている施設もあると聞く。

　高校進学の状況は改善されつつあるものの，その先の進路にはいまだに大きな差異がある。図9-2は平成23（2011）年度から平成27（2015）年までの高校卒業後の進路を示している。

　大学等，専修学校等に進学する児童養護施設入所児は少しずつ増加しているものの，20％ほどにすぎず，全高卒者の70％以上と大きな開きがある。そして，対照的に70％以上の施設入所児は就職をしているが，全高卒者は10％台にすぎない。なぜこれほどまでの開きが中等教育終了後に生じるのだろうか。

　一つの要因として，施設は基本的に18歳まで（自立が難しい場合，例外的に20歳まで）しか入所できないという年齢問題がある。ちなみに，児童福祉法では18歳未満が「児童」とされ，少年法では20歳未満が「少年」と規定されている。1980年代の児童養護施設では，最も多

（注1）2010年に「伊達直人」を名乗る人物から施設の子どもたちのために，とランドセルが送られた。この行動は後に社会現象化し，「伊達直人」がプロレス漫画「タイガーマスク」の主人公であったことから「タイガーマスク運動」などと呼ばれ，今日も続いている。しかし，施設は保護者がそろっていない子どもはほとんど存在せず，多くの場合，ランドセルを買う機会は家族との重要なかかわりの節目と施設スタッフは考えていることが多い。こういうことからも，施設の子どもの状況とどんな支援が求められているか，さらに踏み込んで児童福祉についての理解が深まることが求められる。

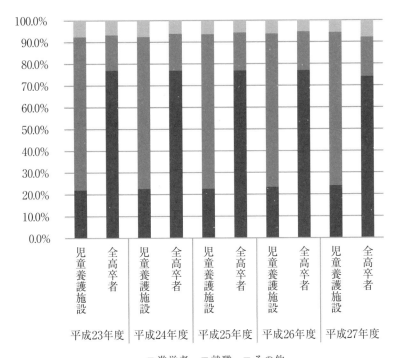

100.0%
90.0%
80.0%
70.0%
60.0%
50.0%
40.0%
30.0%
20.0%
10.0%
0.0%

児童養護施設　全高卒者　児童養護施設　全高卒者　児童養護施設　全高卒者　児童養護施設　全高卒者　児童養護施設　全高卒者

平成23年度　平成24年度　平成25年度　平成26年度　平成27年度

■進学者　■就職　その他

図9-2　児童養護施設入所児と全校高卒者の進路
（出典：厚生労働省「社会的養護の現状について（参考資料）」を基に筆者作成）

い子どもの入所理由（養護問題発生理由）は「両親の行方不明・棄児」
（下線筆者）であった。身寄りのない子どもの自立の手段は就労（自立）
以外に考えにくい上，高校卒業者の半数以上が大学等に進学するのは
1990年代に入ってからなので，児童養護施設入所児の高等教育の検討
が遅れたのも社会的な背景を無視できない。2017年4月から厚生労働省
は児童福祉法の改正ではなく，運用によって，進学，あるいは就職がう
まくいかなかったり，就職しても自立が困難と思われる入所児を対象に

表9-2　児童養護施設退所者等を対象にした大学独自の奨学金

大学名	支援制度
日本福祉大学	経済援助学費減免奨学金制度
立教大学コミュニティー福祉学部	コミュニティー福祉学部田中孝奨学金
日本社会事業大学	チャレンジ支援奨学金制度
沖縄大学	沖縄大学後援会支援特別奨学金
早稲田大学	紺碧の空奨学金
青山学院大学	全国児童養護施設推薦入学

（出典：新美（2018）を参考に筆者作成）

して，22歳までの受け入れを可能にし，児童養護施設入所児の在居年限延長への道が開けることになった（注2）。

　先に，高校進学において私立学校への進学も可能になったと記述した。この問題は，社会的養護への公費負担の遅れを示すものだろう。ようやく高等教育無償化の一環として2020年4月から「高等教育の修学支援新制度」が実施されることが決まり，大学等での学修に意欲があり，進学後に優れた成績を収められる見込みのある者に対して，授業料の減免や給付型奨学金といった支援が整った（文部科学省，2019）。また，大学によっては施設入所児のための奨学金を独自に設けているところもある。表9-2にその一部を示した。

　しかし，柴田ら（2018）の調査によれば，施設退所児（言葉による先入観が薄まるよう「施設経験者」という呼称もある）の大学中退率は13.7％であり，文部科学省（2014）の調査2.3％の約6倍であった。文部科学省の調査では，「『経済的理由』が中途退学及び休学の最大の要因」と指

（注2）児童養護施設の運営費は，国と地方自治体が半分ずつの負担となっている。このため，22歳までの施設入所の延長は自治体間で違いが生じる可能性がある。

摘されているが，柴田ら（2018）は「問題行動などにより自主退学」「友人関係が嫌になり中退」「不登校で退学処分」とより具体的に退学の理由をあげている。さらに施設経験者のアフターフォローなどを支援しているNPOブリッジフォースマイル調査チーム（2018）の縦断調査によると，「進学後1年3カ月が経過した時点で13.6％が中退」「4年3カ月が経過した時点で27.1％が中退」という深刻な報告もある。しかも，中退者の約6割は就労しているものの，全体の4人に1人は「不明・その他」であるという（注3）。

　複雑な家庭で生活してきた学生の相談の中に，「自分は何が普通で何が普通じゃないのか，よくわからない」というものがある。この切実な訴えの背景には，「社会体験が少ない」「対人関係が限られている」という社会的養護の抱える構造的な問題に加え，例えば楽しいことを他者と共有しにくいなどといったトラウマによる複雑な情緒的反応や，十分な自尊心を持てずに苦しんでいる施設経験者の姿があると考えられる。大学生は高校までの枠組みにのっとった生活から，一気に自由度と自主性が求められ，通常の学生でもそのギャップに戸惑うことが少なくない。移行期の危機と見なすことができよう。多くの大学では新学期に「なんでも相談」や「ピア・サポート」（学生同士による支援）を重点的に展開させ，「高校生から大学生になること」を支援している。経済的な支

（注3）少し古い資料になるが，2007年に全国児童養護施設協議会調査部によって発表された調査によると，2004年度に全国の公・私立高等学校を中途退学した施設入所児の割合は7.6％であり，当時の全国平均2.1％の約3倍であった。施設入所児の高校中退の状況は十分把握されているとは言いがたいうえに，そもそも高校中退は当該年度の中退者数を示すものである。ある年度に入学した高校生がどれくらい卒業に至ったかという「卒業率」を算出する方が的確であるという指摘（保坂，2012）も考慮すべきだろう。

援は言うまでもないが，同時に施設経験者の大学適応には，例えば施設経験者に一定期間学内アルバイトを通して大学職員との関係づくりをするなどの制度的な心理的見守りが必要になるのかもしれない。

（3）高校，大学の中退問題

　保坂（2012）によると，「高校教育こそ本格的な『大人』への移行に向けた『土台』を築く」時期であり，そのための「プロセスへの支援」が重要であるという。そして，この「子どもから大人への移行」がうまくいかないと，子どもと大人の狭間<ruby>狭間<rt>はざま</rt></ruby>で漂流してしまう危険性があると指摘している。大学を退学した施設経験者の4人に1人が「行方不明・その他」となっている状況は，高校と大学との違いはあるにせよ，彼らが大人社会に参加できずに漂流してしまっていることを明確に示していると言えるだろう。

（4）長期的トラウマと学校生活

　虐待やネグレクト，家庭内暴力などに関するアメリカの疾病管理予防センターによる調査研究（Centers for Disease Control and Prevention, 2016）に「幼児期の逆境的な体験研究」（Adverse Childhood Experiences（ACEs）study）というものがある。これは幼児期の有害な体験が適切にケアされないと，社会的，情緒的，認知的困難を抱えやすく，慢性的なストレスが健康な発達を損ない，健康問題や生活習慣，対人関係などの社会問題が生じるというものである。また，アメリカの高校生の中退率は20％を超え，家庭や地域での暴力との関連が指摘されているが（ディエット，他，2017），当然，理不尽な暴力の体験は子どもの落ち着いた学校生活にも影響を与えることになる。

　実際に，東京都社会福祉協議会児童部会（2004）『「入所児童の学校等

で起こす問題行動について」調査』によると，回答のあった都内の53施設中，「学校で起こす問題行動で継続的に困っている」入所児の割合は，小学生低学年で24.0％，小学生高学年23.6％，中学生27.1％だった。さらに，ほとんどの児童が複数の問題を抱えているとされ，それは大まかに「暴力・暴言・けんか・いじめる等の攻撃型」（33.6％），「多動・落ち着かない・じっとしていられない」という「授業妨害・立ち歩き」（44.5％），「不登校・登校渋り・登校拒否」（25.9％）の3つと指摘されている。こうして，学校でも「不適応児」としてのレッテルを貼られ，極端な場合には，受診と服薬を登校の条件にする管理職もいるという（村松，2018）。

　被虐待児の場合，家庭から保護されてからが重要なのであり，子どもたちが生活する場所である施設や里親，あるいは特別養子縁組家庭，そして学校，地域の果たす役割は限りなく大きい。長期的ストレスにさらされてきた子どもの表面的な行動で子どもを評価するのではなく，「なぜこの子はこんなことをするんだろう？」という支援者側の省察は欠くことができない。それは泣いている幼児を見て，「なぜこの子は泣いているのか？」を省察することが育児の感受性を高め，子どもとの関係性（基本的信頼感）を確かにしていく道筋と同様である。

2. 社会的養護の変革とつなぎ手としての 心理職の役割

（1）施設の小規模化と家庭的養護

　2011年7月に発表された「社会的養護の課題と将来像」によって，「施設の小規模化」と「家庭的養護」が強力に推進されることになった。わが国の施設は伝統的に定員20名以上の「大舎」によるケアがほとんどで，場所によっては100名定員の施設もあった。しかし，厚生労働省による新しい施策のもとで，子どもの生活空間は6～7名の「ユニット」と呼ばれるフロアで区切られ，各ユニットを3～4人のスタッフが交代制でケアする「ユニットケア」が標準化されようとしている。また，6名以内の子どもが地域の一軒家を借りて家庭的ケアを受ける「グループホーム（地域小規模児童養護施設）」も2010年の214カ所から2016年には352カ所と約1.6倍に増加している（厚生労働省，2017）。このことは何を意味するのだろうか（注4）。

（2）施設の分散化と情報共有の課題

　2017年に国公私立の小学校は全国に20,095校，中学校は10,325校あった（文部科学統計要覧平成30年版）。一方，児童養護施設は全国に615カ所だから，仮に1カ所の施設から1カ所の学校に登校していると仮定すると，児童養護施設に入所している子どもに出会う学校は小学校で3％，中学校は5.9％と教師が施設入所児を受け持つ割合がいかに少な

（注4）厚生労働省子ども家庭局による「新たな社会的養育のあり方に関する検討会」は，「新しい社会的養育ビジョン」を2017年8月に発表した。このビジョンでは，社会的養育は特別養子縁組や里親による養育を中心にし，施設ケアは10年以内に完全な小規模化と子どもの受け入れ年数の制限など数値目標を明確にした。

いかがわかる。しかし，地域小規模児童養護施設は今後も間違いなく増えていくから，本体施設の数を超えることになる。本体施設と同数になったとしても，施設入所児に出会う学校と教師の割合は，これまでより2倍になる。つまり，少なくとも教育の領域では，社会的養護は限られた教師が出会うまれな体験に他ならなかった。しかし，これからは里親や特別養子縁組の増加など，かならずしもまれな体験とは言えなくなり，困難を抱えた子どもに出会う割合は確実に高まるだろう。社会的養護に対する学校と教師の理解いかに重要かは，このことでも明らかである（注5）。

　いまでも校区に施設が昔からある学校では，新任教員が施設見学に行ったり，情報交換会を持つなど，地道な交流を実施しているところが多い。しかし，2004年に「個人情報の保護に関する法律（個人情報保護法）」が制定されて以降，学校と施設の情報の「自主規制」が目立ちはじめ，特に保護者の情報など施設入所前の情報共有には大きな壁があるなど，「情報共有の問題」が生じており，そのことがリアルタイムでの子どもの情報共有（例えば，昨夜他児とケンカしたため不安定であるとか，最近保護者と面会がなく，施設で落ち着かない日々を送っているなど）に支障が生じているというのだ（村松，2018）。学校の「共有相手」である施設が分散化し，増加していく中で子どもの学びに欠かせない情報共有をどうするのか，児童相談所と教育委員会に課せられた重要な課題と言えるだろう。

（注5）「新しい社会的養育ビジョン」では，現在は年500組ほどの特別養子縁組成立を5年以内に年間1千人以上に目指すとしている。これに呼応するように，対象年齢「原則6歳未満」としている特別養子縁組制度を「原則15歳未満」に引き上げる改正民法が2019年6月7日に成立した（デジタル毎日新聞，2019年6月7日）。

3.　特別支援教育の役割

　筆者が校区に施設を持つ学校をフィールド調査で訪問している折，ある中学生（施設入所児）が家庭科の時間，あまり作業を進められずに手芸の用の巻き糸で隣の生徒にちょっかいを出していた。相手は怒り出さないか，教師はいつ注意するのだろうと私はひやひやしながらその様子を見守っていたが，糸が床に落ち教室の端まで転がっていくと，「どうしたの？」とようやく教師が声をかけ，ちょっかいを出していた子どもが糸を取りに行った。まき直しはじめた子どもの様子を確認した教師はようやく，「今何する時間でしたか？」と穏やかに諭すと，糸を巻き直し終わった子どもは着席して裁縫作業を再開した。

　教師の落ち着いた対応は見事で，あとで「なぜ最初から注意しなかったのですか？」と伺ってみると，「これまでのかかわりや，子どもの生い立ち，どんな得意不得意があるかなどスクールカウンセラーや同僚とずっと話し合いをしてきました。だからあの場面は，あえて何も言わないほうがいいかなと思っていたのです。」という答えが返ってきた。

　虐待を受けた子どもの認知能力にはばらつきのある子どもが少なくなく，かつ大人の注意を被害的に受け取りやすい。「何で自分ばっかり」とはねのけて，その先を聞こうとしないのだ。さらに，教科書を読ませると，文節をうまく区切れない子どもがいる。「今日は，朝からとても蒸し暑いです。」を「今日は朝，から，とて，も蒸し，暑い，です。」というように読みがたどたどしい。これだと蒸し暑くてどうなのか，という文の意味，行間が子ども本人にもわかりにくいし，読みを伝えた相手とも共有しにくい。そもそも文章を読んでいる子ども自身が苦痛だろう。こういうとき，一緒に文節の確認をしていくよりも，あらかじめ切っておくとか，機械と一緒に読む（そういうソフトが販売されている）ほう

が子どもにとっては取りかかりやすいようだ。大人から否定や無視をされ続けてきた子どもなら無理もない。筆者はフィールド調査に際し，観察の結果をまとめて教師集団にフィードバックしてきた。そうすると，「自分のやってきたことにはこんな意味があったのか」と教師の自信にもなる。心理職は子どもと教師のかかわりがメインの場所では，教師の自信を後押しできるような，よき脇役でありたい。

　このように，特別支援学級は子どもの数も多くなく，周りからの刺激も少ないので，子どもの個別アセスメントに基づいて，無理のない支援が可能になる。特別支援教育は，「個別支援」の要素がとても強い。いまだにかつての「特殊学級」をイメージする方もいるが，2007年から始まった特別支援教育は，「障害のある子どもたちが自立し，社会参加する力を養うため，子ども一人一人の教育的ニーズを把握し，その可能性を最大限に伸ばし，生活や学習上の困難を改善するため，適切な指導及び必要な支援を行うもの」という試みである（文部科学省パンフレット：下線筆者）ことを理解してほしい。

　心理職は，教職員集団，地域の方々と連携・協働し，子どもがよりよく生活し，成長できるようコミュニティを意識した活動をしていく必要がある。この点は，個別心理面接が標準的な教育相談等とは異なるスタンスであり，心理職自身が自分の仕事のスタンスを常に振り返りながら活動していくことを求められると指摘できるだろう。

引用・参考文献

新たな社会的養育の在り方に関する検討会（2017）．新しい社会的養育ビジョン
　　https://www8.cao.go.jp/shoushi/shinseido/meeting/kodomo_kosodate/k_31/pdf/
ブリッジフォースマイル調査チーム（2018）．全国児童養護施設調査2018 社会的自
　　立と支援に関する調査
　　https://www.b4s.jp/_wp/wp-content/uploads/2018/12/554df29f75614095e2a930
　　0902d49e7b.pdf
Centers for Disease Control and Prevention（CDC）（2019）．About Adverse
　　Childhood Experiences
　　https://www.cdc.gov/violenceprevention/childabuseandneglect/acestudy/
　　aboutace.html
Diette, T.M., Goldsmith, A.H., Hamilton, D., & Darity, Jr., W.A.（2017）．3 Child
　　Abuse, Sexual Assault, Community Violence and High School Graduation.
　　Review of Behavioral Economics. 4. 215-240
保坂　亨（2012）．「高校教育としての移行支援」小野善郎　保坂亨『移行支援とし
　　ての高校教育　思春期の発達支援からみた高校教育改革への提言』福村出版
小浜逸郎（2004）．『正しい大人計画』集英社新書
厚生労働省（2017）．社会的養護の現状について（参考資料）平成29年12月
　　https://www.mhlw.go.jp/file/06-Seisakujouhou-11900000-Koyoukintoujidouka
　　teikyoku/0000187952.pdf
文部科学省（2019）．高等教育の修学支援新制度
　　http://www.mext.go.jp/a_menu/koutou/hutankeigen/index.htm
文部科学省（2014）．報道発表．学生の中途退学や休学等の状況について
　　http://www.mext.go.jp/b_menu/houdou/26/10/__icsFiles/afieldfi
　　le/2014/10/08/1352425_01.pdf
文部科学統計要覧　平成30（2018）年
　　http://www.mext.go.jp/b_menu/toukei/002/002b/1403130.htm
文部科学省（2015）．パンフレット特別支援教育について
　　www.mext.go.jp/a_menu/shotou/tokubetu/main/004.htm
村松健司（2018）．『施設で暮らす子どもの学校教育支援ネットワーク「施設―学校」

連携・協働による困難を抱えた子どもとの関係づくりと教育保障』福村出版

新美昌也（2018）．貧困のクローズアップ？児童養護施設退所者の困難．高校卒業後の進学を後押しするお金．ファイナンシャルフィールド
https://financial-field.com/2018/10/10entry-26203

柴田一匡・坪井裕子・三後美紀・米澤由実子・森田美弥子（2018）．児童養護施設における学習・進路の問題とその支援に関する実態調査　子どもの虐待とネグレクト．20（2）．227-237

東京都社会福祉協議会児童部会（2004）．「入所児童の学校等で起こす問題行動について」調査．紀要平成16年度版

坪井　瞳（2017）．「児童養護施設の就学前教育機関利用をめぐる様相：『児童養護施設の幼児の生活実態調査・2015』の分析を通して」子ども社会研究（23）．87-110

全国児童養護施設協議会調査部（2007）．「児童養護施設における子どもたちの自立支援の充実に向けて：平成17年度児童養護施設入所児童の進路に関する調査報告書」

10 | 福祉領域における心理的支援の実践⑥ 児童虐待への心理支援Ⅲ

山下真里

《**目標＆ポイント**》 児童虐待においては，子どもだけではなく困難を抱えた家族への心理支援が欠かせない。特にここでは児童養護施設における家族支援を中心に，子どもと家族への支援について理解を深める。
《**キーワード**》 虐待，親子関係調整，家族支援，家族再統合

1. 児童虐待における家族支援

（1） 児童虐待と家族

　全国の児童相談所（以下，児相）における児童虐待に関する相談件数は，2016年時点で年間約12万4千件，2018年時点で約16万件と，年々増加している。子どもに有害な影響を与えてしまうほどの子育て上のトラブル（虐待）の多くは，親の問題のみから生じることは少なく，いくつかのリスク要因が相互に重なることによって生じる。子ども虐待対応の手引き（厚生労働省，2013）で示されている，リスク要因について表10-1で示す。妊娠時期あるいは，そのはるか以前から，問題の芽が存在していることがわかるだろう。児童虐待における家族支援を考える際には，このような背景を理解しておくことや，家族のライフステージに応じ，継続した支援を行うことが重要である。

表10-1　虐待に至るおそれのある要因・虐待のリスクとして留意すべき点

1. 保護者側のリスク要因
・妊娠そのものを受容することが困難（望まない妊娠）
・若年の妊娠
・子どもへの愛着形成が十分に行われていない。（妊娠中に早産等何らかの問題が発生したことで胎児への受容に影響がある。子どもの長期入院など。）
・マタニティーブルーズや産後うつ等精神的に不安定な状況
・性格が攻撃的・衝動的，あるいはパーソナリティーの障害
・精神障害，知的障害，慢性疾患，アルコール依存，薬物依存　等
・保護者の被虐待経験
・育児に関する不安（保護者が未熟等），育児の知識や技術の不足
・体罰容認などの暴力への親和性
・特異な育児観，脅迫的な育児，子供の発達を無視した過度な要求　等
2. 子ども側のリスク要因
・乳児期の子ども
・未熟児
・障害児
・多胎児
・保護者にとって何らかの育てにくさを持っている子ども　等
3. 養育環境のリスク要因
・経済的に不安定な家庭
・親族や地域社会から孤立した家族
・未婚を含むひとり親家庭
・内縁者や同居人がいる家庭
・子連れの再婚家庭
・転居を繰り返す家庭
・保護者の不安定な就労や転職の繰り返し
・夫婦間不和，配偶者からの暴力（DV）等不安定な状況にある家庭　等
4. その他，虐待のリスクが高いと想定される場合
・妊娠の届出が遅い，母子健康手帳未交付，妊婦健康診査未受診，乳幼児健康診査未受診
・飛び込み出産，医師や助産師の立ち合いがない自宅での分娩
・きょうだいへの虐待歴
・関係機関からの支援の拒否　等

（出典：子ども虐待対応の手引き（厚生労働省，2013））

（2）児童虐待における家族支援の必要性と現状

　児童虐待の問題は狭義の家族（親と子）の問題ではなく，家族システムの機能失調であるという視点が普及してきている。そのため，虐待における家族対応も，以前は被害児童を救済し，加害親の指導や更生を目指すという考え方から行政的な対応がなされてきたが，昨今では家族と地域を子どもの心身の発達を育むために必要な環境として位置付け，エンパワメントするような支援の必要性が認識されてきている。例えば，表10-2に示すようなソーシャルサポートの拡充や，それを必要とする家族とのマッチングは，地域における子育て支援や，虐待の発生予防の観点から大変重要である。また，しつけと称して虐待をしてしまう親や，子どもの行動上の問題に対処できずに不適切な養育となっている親に対して，治療的・教育的プログラムを利用してもらうことも有効である。一方で，いかに有効なサポートやプログラム，支援体制があったとしても，利用するのは限られた家族であり，かかわられること自体を望まない家族は少なくない。そのような家族においては，まず支援が可能となるための関係性を作ったり，地域のネットワークを作っていくことも，重要な家族支援の一環である。

　また，在宅の家族支援だけではなく，児童養護施設等の社会的養護施設において生活する子どもと親にとっても，家族支援は重要である（図10-1，表10-3）。施設で暮らす子どもへの援助は，生活の適応状況に注意が向けられがちであるが，離れて暮らしている親への葛藤的感情と，日々の子どもの生活は相互に関連し合う。また，親とのあいだで築かれてきた関係性は，子どもの友人関係や施設職員との関係で再演される。そして，「家族」というものに肯定的なイメージが持てない，つまり自分が望まれて生まれてきたという感覚が持てないことは，子どもの心身の成長と人間関係に重大な影響をもたらす。以上のように，子どもにとっ

表10-2　親支援の方法およびプログラム

ソーシャルサポート	養育環境調整・支援の分野であり，様々な社会資源を家族のニーズに応じて選択し提供することで，家族の養育力を補っていく	保育園の利用，ヘルパーの派遣，公的扶助の受給地域資源（保健，福祉，教育）・親族・友人等のネットワーク促進	
治療的・教育的プログラム（支援）	子どもとのかかわりに焦点を当て，日常的な子育てのスキルを高め，今ある子どもとのかかわりに具体的に役立てる	コモンセンス・ペアレンティング，精研式ペアレントトレーニング，トリプルP Nobody's Perfectプログラム，PCIT・CARE	AF-CBT MY TREE ペアレンツ・プログラム
	親自身の内的なテーマに焦点を当て，親自身のトラウマや原家族との関係や育ちのテーマを治療的に扱う	親グループ（母親グループ，父親グループ） MCG， （様々な心理療法，トラウマ治療，精神医学的治療）	

（出典：厚生労働省，2014）

て「家族」との関係性，およびイメージは，子どもの人生に長期的に強い影響を及ぼすと考えられる。裏を返せば，「家族」との関係やイメージに対する支援を行うことは，子どものケアと予後に良い影響を与えることは想像に難くない。

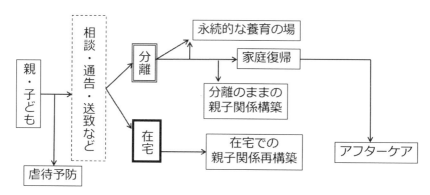

図10-1　親子関係再構築支援の種類

（出典：厚生労働省，2014）

表10-3　親子関係再構築支援の種類

◎分離となった家族に対して
①親の養育行動と親子関係の改善を図り，子どもが家庭に復帰するための支援
②家庭復帰が困難な場合は，親子が一定の距離をとった交流を続けながら，納得してお互いを受け入れ認め合う親子の関係を構築するための支援
③現実の親子の交流が望ましくない場合，あるいは親子の交流がない場合は，子どもが生い立ちや親との関係の心の整理をしつつ，永続的な養育を受けることのできる場の提供
◎ともに暮らす親子に対して
④虐待リスクを軽減し，虐待を予防するための支援
⑤不適切な養育を改善し，親子関係を再構築，維持するための支援
⑥家庭復帰後等に虐待の再発を防止し，良好な親子関係を維持するための支援

（出典：厚生労働省，2014）

2. 児童養護施設における家族支援

（1） 児童養護施設における家族支援の実態

　2017年の改正児童福祉法の施行により，子どもに対して「家庭での養育」を原則とすることが明記され，里親・ファミリーホームへの委託児童数が増加している。そのため，児童養護施設の入所児童は減少傾向にあるが（2016年10月時点で27,288人：厚生労働省），被虐待児童の占める割合は6割程度で，年々増加している。被虐待児童や複雑な家族関係の調整を必要とする児童の受け皿は，引き続き児童養護施設がその中心的な役割を担うことには違いないだろう。

　児童養護施設における家族支援は，家族がいるが離れて暮らさざる得ない子どもが増えたことにより，「また家族と一緒に暮らせるようになる（狭義の家族再統合）」ための取り組みが考えられるようになった。現在は家庭再統合という言葉はより広い意味で使われ，「"親子が親子であり続けられる親子関係・親子形態の再構築"であり，"親子が安全かつ安心できる状態で互いを受け入れられるようになること"という意味で，必ずしも親子が一緒に住み暮らすことではない」（愛知，2002）という見解が一般的になってきている。2014年に厚労省から「社会的養護関係施設における親子関係再構築支援ガイドライン」が発表され，「子どもと親との相互の肯定的つながり」すなわち家族の関係性を支援することが施設の役割の一つであることが述べられている。このような家族支援の必要性の高まりに呼応して，ファミリーソーシャルワーカー（家族支援専門相談員：FSW）の常勤配置や家族療法事業などが開始しているが，必ずしもソーシャルワークの専門性や実践方法を身に着けた職員がFSWに登用されているわけではなく，関係性の支援や心理的支援について十分できているとは言えない。

　児童養護施設心理職による家族支援の実態調査（田附，2012）による
と，心理職のうち家族と直接出会って心理的支援を行っているものは1
割程度にとどまり，関係者会議への参加やアセスメントなど間接的な家
族支援についても6割と慎重である。一方で，大半の心理職は「家族支
援にかかわったほうがよいと思う」と考え，「直接的な家族支援を試み
たい」と考えているものも8割弱いる。家族支援にかかわれない理由と
しては，時間の不足や，子どもの個人面接への悪影響への懸念，家族支
援にまつわる専門性への自信のなさ，既に施設の他職種が行っており，
施設内で家族支援が心理職の役割が位置付けされていない，などの理由
があげられている。以上のことから，家族支援を行っていくためのシス
テムや多職種連携の課題がうかがえる。また，どのような家族支援が可
能なのか，子どもの入所から家庭復帰までの家族支援の例を紹介する。

（2）児童養護施設における家族支援の連続的フロー
① 入所当初
　支援の方針を決めるためには，まずは，アセスメントを十分に行う必
要がある。子どもの施設入所に際し，初めに目にする家族の情報が「児
童記録表」である。その家族が地域でどのように暮らし，どのような支
援を受けてきたのか（あるいは受けられないできたのか），子どもの特徴
や親の特徴，保護の経緯などが記載されている。しかし，児童記録表に
よって共有される情報は，ほとんどがリスクアセスメントのために収集
された情報なので，あらためて支援のためのアセスメントに必要な情報
を収集する必要がある。支援のために必要な情報は，職種や立場によっ
ても異なるが，連携がないために必要な情報を収集・アクセスすること
ができないという悩みもよく聞かれ，連携づくりは大きな課題である。
　入所にまつわる家族支援は，その後の支援関係を左右する極めて重要

な作業である。子どもも親も，入所の経緯を説明され，一見同意しているように見えても，一方的に相手や自分を責めている，無力感からどうでもよいような気持ちになっている場合がある。子どもと親が，自分たち家族の歴史や状況，そして施設入所に至った経緯，今後の見通しなどを知り，理解できるような援助が必要である。この作業を児相と施設ができる限り（役割分担ではなく）共同で行うことができれば，施設における家族支援をより円滑に進めることが可能となる。この時期の家族支援は，支援のためのアセスメントと，親と共同して子どもの養育に取り組んでいける関係を築くための支援である。

② 交流中の家族支援

　親と子どもの交流は，取り決められた頻度と時間，行動範囲など制限のある中で始まる。いわば「非日常的な交流」である。その交流中，家族のあいだで関係性のかみ合わなさが，さまざまな形で表現される。例えば，交流日時のかみ合わなさである。親が交流の時間に遅刻したり，急なキャンセルにより子どもを待たせる，あるいは子どもがなかなか面会室に向かわず親を待たせる，という構図をとる。次に，情緒的なかみ合わなさである。面会中，子どもが親のスマホでゲームをして時間が過ぎる，「物を買ってもらう―買い与える」という物質を介した交流になりやすい家族がいる。このような交流は，子ども自身も本当の意味では満たされないし，残念ながら親の足が遠のく原因となる。以上のように，単なる交流の場が設定されるだけでは，関係性が醸成されていかない場合がある。実際に，海外の研究においても，単に家族が施設を訪れたり，電話で連絡をしたりしても，子どもの問題行動や予後と関係がないことや，むしろ悪化することも指摘されており，家族が施設を訪問することをよりよい機会にする工夫が必要なことが報告されている（ヒュフナー，他，2015）。

　この時期の家族支援としては，かみ合わなさが生じている理由についてアセスメントをし，交流しやすい環境を整えたり，面会の機会を利用してコミュニケーションの橋渡しをするなどの支援が有効である。また，子どもの生活の様子や変化を家族に伝え，親がどのように受け止めているのか，丁寧に確認するような配慮があるとよい。なぜならば，親は職員に子育てを取り上げられた気持ちから敵対的になったり，親としてさらに自信を失い，子育てから退却してしまうことにつながりやすいからである。離れて暮らしているが，子どもには親からの支援が引き続き必要であり，施設職員と共同して子育てしているという感覚が持てるような支援の必要がある。

③ 家庭復帰を目指した家族支援（子どもと親の意思決定支援）

　安定した交流が図れるようになってくると，子どもが自宅に1日から数日滞在する外泊が可能となる。お楽しみの時間であった交流が，「日常生活」に近づくことで，家族に葛藤が再燃しやすい時期である。また，児相の福祉司，心理士，家庭復帰支援員，そして施設の職員，学校の担任などの関係者が家庭復帰について具体的に話し合っていく時期でもある。

　2016年6月に公布された「児童福祉法等の一部を改正する法律」によって，児童の権利が明記され，家族と子どもへのインフォームドコンセント（説明と同意）が重要であると理解されてきたが，子どもの同意能力や意思決定に関する研究はほとんど行われていない。それでも，施設入所後の生活適応に大きく影響することから，入所時点での子どもへの説明と同意は重視されるようになってきた。しかし，家庭復帰はどうであろうか。

　例えば，家に帰ることについて何か心配なことはあるか？と尋ねると，子どもはどのように答えるだろうか。「何もない」と即答したり，「なぜ

そんな（水を差すような）ことを聞くのか」と怒ったりする。このような反応は，個々の子どもの能力，心理的な問題，情報不足などによって生じる。意思決定のための能力は①理解する力：問題についてどの程度理解しているか，②認識する力：自分の問題として認識しているか，③検討する力：複数ある選択肢を論理的に検討する，④表明する力：選択したことを表明できるか，という4つから成立すると考えられている。この能力は，知的能力と関連して変化し得ると考えられ，これを補い，向上させる働きかけは意思決定支援と呼ばれている。佐藤（2019）は，施設内での非行の増加に際し，大人が中心となって子どものケアを決めるのではなく，子どもの話を十分に聴くことの必要性を感じたことがきっかけとなり，2013年から子どもを中心とした意思決定支援の実践を継続している。中高生の児童に対しては，毎年3回の自立支援計画の時期に，個別にケースカンファレンスが開かれ，そこには担当CW（ケアワーカー），FSW（ファミリーソーシャルワーカー），担当心理士，自立支援コーディネーター，そして児童本人が参加している。児童は，入所理由や自分や家庭の現状について理解していること，今後どのようなケアをしてほしいのか，家族とどうしていきたいかについての希望を話す。そして，共に考える雰囲気の中で，話し合いが行われる。このような機会を設けることで，子どもの意思決定能力は鍛えられるし，記録を残すことで子が家族の何を知っていて，どう理解しているのか，意思がどう変化してきたのか把握することが可能となる。このような取り組みを行っている施設はほとんどないが，子どもの年齢や能力に応じた方法で，継続的なインフォームドコンセント及び意思決定支援を行うことは，子どもの今の生活を支えるだけではなく，今後の自立生活を支える基盤となるだろう。

　また，子どもの意思決定支援と同様に親への意思決定支援というのも

重要である。なぜなら，親も情報不足や親自身の心理的問題，意思決定能力が十分でないという問題を抱えやすく，子ども，親，支援者間で進路や家庭復帰，今後の支援方針をめぐり，すれ違いやすいからである。

④ 家庭復帰後の家族支援

　家庭支援センターや教育相談など，地域の相談機関につなぐ支援を行っていても，家庭復帰した親や子どもから電話がかかってくることがある。そのようなケースは，困ったときに人を頼れる力がある程度備わっていると考えることができる。元いた施設のほうがなじみがあって相談しやすいかもしれないが，そう遠くないうちにほかの地域の支援者とつながることができると考える。また，祭りなど施設の行事が地域に開かれていることも，家族に対するアフターケアとして効果的に機能する場合がある。

⑤ 親との交流がない子どもへの家族支援

　施設に入所した子どもの15％（情緒障害児短期治療施設，児童自立支援施設）〜25％（児童養護施設，乳児院）は，親や家族との面会や帰省などの実質的な交流はなくなっていると言われている。中には，生まれてこのかた親と会ったことが一度もない，父親の名前がわからない，乳児期の写真が一枚もないという子どももいる。直接的に親のことを尋ねたり，思慕を口にする子もいるが，自分の血液型を知りたがるなどの形で表現する子もいる。また，成人した退所児童が「自分のルーツ」を知るために，再度施設を訪問し，自分がどのような子どもだったのか，親のことなど尋ねてくることもある。自分のアイデンティティを形成するというライフサイクルの中で，自分のルーツや家族の情報を欲するのは自然な感情であろう。家族のことを知ることができるような手助け，自分の中で家族をどう位置付けていくか手助けすることも，家族支援の一環と見なしてよいだろう。具体的には親の出身地や国について調べ

る，自分が生まれた病院や暮らした地域を調べたり実際に訪れる，自分の人生にかかわってきた人に話を聴きにいくなどの作業を実施することがある。こうした支援は，ライフストーリーワーク（生い立ちの整理）として位置付けられ，実践されている（楢原，2015）。

3. 児童虐待と地域連携

　虐待の恐れがあるとして児相により家庭から一時的に保護されたのち，特に家庭での養育が困難であると判断された子どもは，子の年齢や行動・心理状態，家庭の状況に応じて，それぞれ適切な社会的養護の施設（乳児院，児童養護施設，児童自立支援施設，児童心理治療施設等）に措置される。このように一時的な保護から分離に至る児童は5割程度であり，その他の児童は地域のサポートを受けながら自宅での生活を継続することができると判断されている。つまり，適切ではないと思われる養育を受けている子どもたちの多くは家族とともに地域で暮らしていることになる。そのため虐待発生予防の観点からも家族支援の観点からも，子どもが生活している市区町村の支援資源を十分に活用し，それぞれの支援機関が連携することが必要となる。子育てに関するソーシャルサポートは，単なるサービスの授受ではなく，サービス利用を通して子と家族の居場所を支援していくという視点が必要である。

　また，地域における包括的な子育て支援体制の動きも見られる。例えば，児童養護施設と子ども家庭支援センターが併設されるようなケースである。地域における全般的な子と家族の相談，不適切なケアを受けた子の保護とケア，ショートステイなどのレスパイトケアを含む家族支援，里親のための相談や支援など，さまざまなレベルの子育て支援が切れ目なく提供されようとしている。

引用・参考文献

Huefner, J.C., Pick, R.M., Smith, G.L., Stevens, A.L., &Mason, W.A.（2015）. Parental involvement in residential care：Distance, frequency of contact, and youth outcomes. Journal of Child and Family Studies. 24（5）. 1481-1489

厚生労働省（2013）．子ども虐待対応の手引き
　（URL：https://www.mhlw.go.jp/bunya/kodomo/dv12/00.html）

厚生労働省（2014）．社会的養護関係施設における親子関係再構築支援ガイドライン．
　（URL：https://www.mhlw.go.jp/seisakunitsuite/bunya/kodomo/kodomo_kosodate/syakaiteki_yougo/dl/working9.pdf）

厚生労働省（2016）．社会的養護関係施設における親子関係再構築支援の取組に関する調査報告書．みずほ情報総研株式会社平成28年3月
　（URL：https://www.mhlw.go.jp/file/06-Seisakujouhou-11900000-Koyoukinto ujidoukateikyoku/0000137342.pdf）

楢原真也（2015）．『子ども虐待と治療的養育：児童養護施設におけるライフストーリーワークの展開』金剛出版

成元迅（2015）．医療から見た日本における意思決定支援の課題と展望．千葉大学邦楽論集. 30（1）. 417-423

佐藤治美（2019）．公益社団法人子ども情報研究センター独立アドボカシー研究会発表資料

田附あえか（2012）．児童養護施設における心理職による家族支援の実態に関する研究：質問紙調査の結果から．子どもの虐待とネグレクト. 14（3）. 373-385

田附あえか・大塚斉（2018）．児童養護施設における心理職の役割と家族支援：子どもが育つ場での心理的援助．日本家族心理学会（編）.『家族心理学年報36福祉分野に生かす個と家族を支える実践』金子書房

田附あえか（2020）．養育不調が生じた家族への心理的支援の検討：児童養護施設における心理士による家族支援の意義．首都大学東京大学院博士論文

11 │ 福祉領域における心理的支援の実践⑦ 高齢者の心理支援

山下真里

《目標＆ポイント》　高齢者，とりわけ認知症の人やその家族への支援は公認心理師の社会的責務の一つである。福祉領域の高齢者支援において，心理職が果たすべき役割について理解を深める。

《キーワード》　認知症，高齢者虐待，ケアマネジメント，介護，回想法，生活の中の治療，改訂版長谷川式簡易知能評価スケール（HDS-R），ミニメンタルステート検査（MMSE）

1. 高齢者福祉領域における心理的支援

（1）老年期における心理社会的問題の特徴と支援

　2019年9月におけるわが国の65歳以上の高齢者人口は，推計3,588万人で，総人口の28.4％を占め，世界で最も高齢化が進行している国家である。また，平均寿命についても2016年の調査では，女性で87.1歳，男性は81.1歳で，世界でトップ3に入る長寿国である。一方で，自立した生活ができる年齢（健康寿命）は，女性が76.9歳，男性は72.6歳であり，平均寿命と比較して共に開きがある（図11-1）。この長い老年期のウェルビーイング（身体的，精神的，社会的に健康であること）をどのように維持し，どのように生きるのか，誰にとっても大きな関心事であろう。

　老年期は，退職，加齢による心身の機能低下，病気やケガ，親しい人

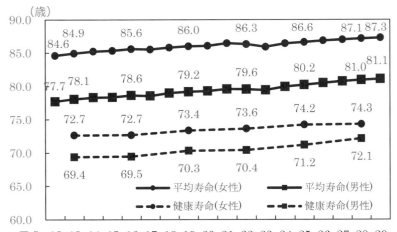

図11−1　男女別の平均寿命と健康寿命の推移
（出典：「平成30年版高齢社会白書」の数値を基に筆者作成）

との死別といったさまざまな喪失的ライフイベントが重なりやすい時期
である。そして，そのようなライフイベントにともなって生じる心理
的・身体的・環境的変化に適応していくことが求められる時期である。
しかし，うまく適応できず，心身の健康を損なう者も多い。具体的に
は，アルコール依存，うつ病，不安障害などの精神疾患，社会的孤立や
セルフネグレクト，経済的困窮や自殺，認知機能低下や認知症の発症な
ど多種多様な問題があげられる。また，このような老年期の健康問題は，
社会的地位や居住地などの社会的格差によって生じることが明らかに
なってきており，決して個人一人の問題ではない。加えて，低学歴や所
得などライフコースにおけるリスク要因の蓄積によって健康問題が深刻
化する可能性が指摘されている（シュッサー，E.，2006：アントヌッチ，T.C.，
2009）ことからも，壮年期以前から連続した心理的支援が展開されてい

くことが必要であろう。さらに高齢者本人だけではなく，その家族も家族関係や生活の変化，介護をめぐる不安や葛藤など抱えやすく，心理的支援が求められている領域である。高齢者虐待は年々増加しており，平成30（2018）年度に家庭で17,249件，施設・事業所等で621件報告されており，深刻な状況である（厚生労働省，2019）。

　しかし，高齢者と家族を取り巻く支援体制の中で，心理的問題に対する支援を受けられる場所や機会というのは，ほとんどない。地域の医療，福祉専門職が，高齢者や家族の心理的支援も兼ねている状態で，対応に苦慮している現状がある。また，アクセスしやすい仕組みが整備されれば相談につながる可能性の高い対象者もいるが，認知症や虐待，精神疾患等さまざまな問題を抱えながら地域で孤立し，サービスの利用や相談に拒否的な高齢者や家族も数多く存在する。そのような対象はたとえ相談の場があっても，自発的な来所は見込めないし，支援の関係を築くことも困難である。今後は，在宅介護が増加し，高齢者だけの世帯や，独居高齢者も増えることが予想される中で，地域の中で高齢者と家族をどのように見守り，心理的支援の仕組みを整備していくかが大きなテーマである。

（2）認知症ケア

　現在，65歳以上の高齢者のうち認知症の人は525万人と推定され，7人に1人が認知症を患っていることになる（朝田，2013）。また，高齢者福祉施設に入居している人の90％以上が認知症を抱えている状況にある（厚生労働省，2010）。高齢者福祉領域において認知症の人へのかかわりはますます重要になってくるだろう。昨今の医療・福祉領域における認知症のケアの潮流は，認知機能の維持や行動・心理症状（BPSD：Behavioral and Psychological Symptoms of Dementia）への対処といっ

た考え方から，認知症の人の行動の背景にある意図や心理状態を理解し，彼らのディグニティ（尊厳）や生活の質（QOL），生活環境の連続性をいかに維持するかという方向に転換してきた。例えば，イギリスから始まった「パーソンセンタード・ケア（キッドウッド，1997）」の理念は，その大きな転換の象徴である。パーソンセンタード・ケアでは，認知症の人を一人の「人」として尊重し，その人の立場に立って考え，その人自身が自分のことを価値がある人間だと感じられるように支援することが，ケアの基底におかれている。パーソンセンタード・ケアの理念が，わが国の認知症ケアにおいてもスタンダードになってきているのと同時に，認知症の人への心理的支援の必要性が認識されつつある。一方で，どのような心理的支援が効果的か，誰が行うのかということに関しては，研究・実践ともに少なく，心理的支援を専門とする職員の配置につながっていない状況である。

（3）高齢者福祉領域を支える法律と制度

　老年期における地域生活に関する理念の一つに，Aging in place という考え方がある。Aging in place とは，施設主義への批判を背景に生まれてきた考え方であり，高齢者が住み慣れた地域で安全かつ自立して快適に暮らすことを指す。わが国では，Aging in place を重視し，その実現のための制度として，地域包括ケアシステムを採択している。地域包括ケアシステムでは，地域の実情を踏まえ，介護・医療・生活を一体的に提供することが求められている。地域包括ケアシステム以前は，支援を必要とする高齢者の支援の流れは，地域→病院→施設という流れが一般的であり，支える制度は医療保険制度が主流であった。

　介護や支援を必要とする高齢者の生活を支える法律として，介護保険法が2000年から施行され，同時に介護保険制度が開始された。個々の

能力に応じ，尊厳ある生活，自立した生活を営むことができるように支援することが目的に掲げられている。「対象者の社会生活上のニーズを充足するため，適切な社会資源と結びつける手続きの総体」をケアマネジメントという。主に指定居宅介護支援事業者所属のケアマネジャー（介護支援専門員）が，本人と定期的に面会し，本人のニーズに応じて介護プラン（ケアプラン）の策定を行っている。要介護認定者の半数以上は認知症のある人が占めており，今後ますます増加していくことが予想される。ゆえに，認知症のある人の意向やニーズをくみ取り，意思を尊重しながら必要な支援に結び付けていく，認知症の人のケアマネジメントは重要である。

　また，高齢者虐待防止法（高齢者虐待の防止，高齢者の養護者に対する支援等に関する法律）が2006年に施行された。身体的虐待，ネグレクト（介護・世話の放棄・放任），心理的虐待，性的虐待，経済的虐待の5つが規定されている。施設・事業所等においては，身体拘束禁止規定に反する（緊急時，一時的に，やむを得ず行う場合以外の）身体拘束・抑制も身体的虐待として扱われる。相談で虐待を発見した場合は緊急性に限らず通報義務が課せられており，一方で，高齢者虐待防止法は，高齢者の養護者に対する支援も目的に掲げているが，単にサービス等の利用を促すだけでは不十分である場合も少なくない。今後，心理的な支援が望まれる領域である。

　認知症の人を支える施策としては，2019年6月に認知症施策推進関係閣僚会議において「認知症施策推進大綱」が取りまとめられ，その取り組みの両輪として「共生」と「予防」が掲げられた。「共生」とは，認知症の人が尊厳と希望を持って認知症とともに生きる，また，認知症があってもなくても同じ社会で共に生きる，という意味である。また，「予防」とは，「認知症にならないようにする」という意味ではなく，「認知症に

なるのを遅らせる」「進行を緩やかにする」の意味である。①普及啓発・本人発信支援，②予防，③医療・ケア・介護サービス・介護者への支援，④認知症バリアフリーの推進・若年性認知症の人への支援・社会参加支援，⑤研究開発・産業促進・国際展開の5つの柱を重点的課題として掲げている。いずれも，認知症の人の視点に立って，当事者の意見を踏まえ，施策を推進することが明記されているのが特徴である。

2.　高齢者福祉領域で心理士に期待される役割

（1）在宅高齢者と家族に対する心理的支援

① 在宅高齢者に対する支援

　在宅高齢者を支援するサービスには，ケアプラン作成や相談サービス，デイケアやデイサービスといった通所サービスや，ホームヘルパーや訪問リハビリなどの訪問サービス，ショートステイといったものがある。そして，その地域に住む高齢者の総合的な相談窓口として，在宅生活を支える要となるのが地域包括支援センターであり，社会福祉士や保健師，ケアマネジャーなどが配置されている。地域包括支援センターは，相談内容や家庭の状況に応じて，訪問も行っており，当事者への相談業務だけではなく，ケアマネジャーへの支援など，地域の関係機関への支援や，ネットワークづくりも担っている。地域包括支援センターには，精神疾患や心理症状，人間関係の悩みなどを抱える高齢者本人やその家族への対応に苦慮しており，心理アセスメント等の重要性，専門職員による心理的支援のニーズは高くなっていると言える。

② 介護家族への支援

　多世代同居の減少及び高齢者世帯の増加から，老老介護や認認介護の問題は深刻な社会問題になっている。また，親の介護のために子世代が離職し，経済的困窮に陥ったり，経済的・心理的な要因からサービスの

利用を控え介護を抱え込んだりする介護家族の問題もある。そのような身体的・経済的・心理的・社会的なストレスが相互に影響し合い，家族介護者は疲労感や憂うつが高まりやすい状態にあり，要介護者に当たってしまい自己嫌悪に陥る，といった悪循環が長期化すると言われている（加藤，2009；百瀬，2009）。特に認知症の人の介護では，対応に苦慮し，「目が離せない」と感じて外出を控えたり，家にいても休まらないと感じたりする介護家族も少なくない。「介護うつ」「燃え尽き」など，認知症高齢者をケアする家族のストレスや介護負担は，以前から指摘されてきたことであるが，介護家族への適切な心理的支援は，量・質ともに不足しているのが現状である。

　海外では認知症介護家族を対象として，個別もしくは集団形式の介入プログラムが開発され，その効果が報告されている。わが国では，英国で開発された認知行動療法をベースとした心理教育的介入プログラム（リビングストン，G.，2013）の実践および研究が進行中であり（樫村，2018），その報告が待たれる。期待される介入効果として，認知症に関する理解を深め，対処力を向上させ，自身の介護ストレスへの対処を学び，軽減することなどがあげられている。また，認知症介護者に有用な心理社会的支援として，家族会がある。このようなセルフヘルプグループに参加する効果としては，ほかの介護家族とつながることで，介護に役立つ情報を得ることができたり，日々の悩みを分かち合い・共感されることで精神的な孤独感を和らげたりする効果が指摘されている（田中，2016）。さまざまな背景を持つ介護家族の特性に応じ，活用できる心理的支援の幅が広がることが望ましいだろう。

（2）高齢者福祉施設における心理的支援

　介護老人保健施設，老人福祉施設（老人デイサービス，デイケア，特

別養護老人ホーム等）などの高齢者福祉施設では，国で定める要件に
従って人員を配置しているため，現状では施設に心理士が配置されてい
ることはまれである。現状では，高齢者臨床に関わる心理士の約8割が
医療機関で勤務しており，福祉領域に携わっている者は1割にも満たな
い（日本臨床心理士会第3期後期高齢者福祉委員会，2019）。しかし，
心理士の国家資格化にともない，今後，施設における心理的支援の専門
家としての役割が議論される必要があるだろう。実践の一つの例として，
認知症デイケアにおける心理的支援について図11-2に示した。山下（2019）

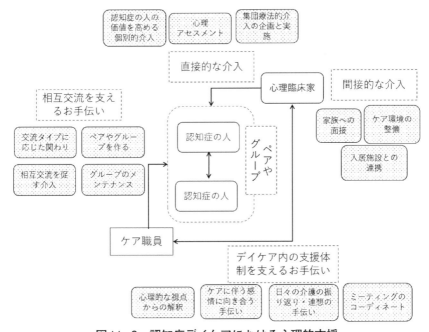

図11-2　認知症デイケアにおける心理的支援
（出典：山下（2019）の「Bデイケアにおける臨床心理士の役割」を改編）

は，認知症ケアにおける心理士の役割として，①心理アセスメント，人・集団・ケア環境を対象とした②非薬物的アプローチ，家族や職業介護者などを対象とした③支援体制を支えるお手伝い，などを報告している。

① 心理アセスメント

　高齢者に対するアセスメントとして，最も多く求められるのは，認知機能や抑うつ状態などのアセスメントである。認知症のスクリーニングや総合的な認知機能を把握するための神経心理学的検査として，改訂版長谷川式簡易知能評価スケール（HDS-R），Mini Mental State Examination（MMSE），日本語版Neurobehavioral Cognitive Status Examination（日本語版COGNISTAT）等があげられる。また，本人への行動観察や，家族や介護者からの聞き取りによって認知機能や生活機能，心身の状態を評価する観察式検査としては，The Dementia Assessment Sheet for Community-based Integrated Care System-21 items（DASC-21：粟田ら，2015），日本語版Neuropsychiatric Inventory-Questionnaire（NPI-Q）等がよく使用されている。

　認知症の有無にかかわらず，神経心理学的検査を受けることは，大なり小なり抵抗感が生じる可能性があり，また，その取り組みの姿勢が結果に及ぼす影響も少なくない。また，仮に検査に同意したように見えても，検査中の失敗で不安が高まり，検査が続行しづらい状況になることも多い。検査目的と内容を十分理解した上で実施し，検査中も不安や羞恥心，困惑感などを注意深くメンテナンスしながらも，不必要に時間をかけることなく実施する必要がある。また，視覚障害や聴覚障害，運動機能障害といった認知機能以外の障害の影響に配慮しながら実施と解釈を行う必要がある。

　高齢者の認知機能や心身の機能低下は，生活での困りごとと密接に関連している。そのため，定期的に当事者の状態像を把握し，生活支援や

家族支援，ケアマネジメントに反映させていくことが求められる。本人，家族，ケアスタッフ等，相手の立場に応じて，アセスメント結果を生活上の困りごとと対応させながらわかりやすく伝える工夫が必要である。アセスメントの結果を伝える際には，低下した機能だけではなく，残存する機能に着目することが重要である。

　以上のように，認知症高齢者に行われる神経心理学的検査そのものは比較的簡便なものが多いが，適切な実施及び解釈，結果のフィードバックを行うためには，高い専門性が求められる領域と言えよう。

② 非薬物的アプローチ

　認知症は根治が望めない病であるため，非薬物的アプローチが重要である。特に，認知症にともなう心理行動的問題に対しては，薬物療法はリスクが報告されており，可能な限り非薬物的アプローチが選択されることが望ましいと考えられている。代表的な非薬物療法には，表11-1のようなものがある（日本神経学会，2017）。これらの非薬物的アプローチを行う意義は，①残存する認知機能・生活機能の維持，②覚醒度・情動機能の改善，③心理・行動症状の軽減，④包括的Quality of life（QOL）の向上があげられるだろう。一方で，わが国の多くの高齢者福祉施設で，

表11-1　認知症と家族への非薬物的アプローチ

認知症者への介入	認知機能訓練，認知刺激（リアリティ・オリエンテーション等），経皮的電気刺激療法，運動療法，音楽療法，回想法(reminiscence)，ADL訓練，マッサージ，レクリエーション療法，光療法，多感覚刺激療法，支持的精神療法，バリデーション療法，鍼治療，経頭蓋磁気刺激法，筋弛緩法，など
介護者への介入	心理教育，スキル訓練，介護者サポート，ケースマネジメント，レスパイトケア，介護者のセルフケア，認知行動療法，など

（出典：日本神経学会『認知症疾患診療ガイドライン2017』医学書院，筆者一部改編）

非薬物的アプローチが実施されているが，有効性が十分実証されているとは言えない。そして，施設で実施される非薬物的アプローチの内容は，回想法や芸術療法，運動療法といった，比較的手軽に実施でき，かつ集団にも適応可能なプログラムに偏っている傾向がある。今後，認知症高齢者に対するエビデンスレベルの高い介入研究と，実装化研究が積み重ねられることが急がれる領域であろう。

③ 支援体制を支えるお手伝い（ケア職員への心理的支援）

　職業介護者もまた，心理的支援の対象である。例えば，山下（2019）は，対象者との意思疎通や対応が困難な状況で，職業介護者が傷つき，無力感にかられ，物理的にも精神的にも対象者から距離をおきたくなることを報告している。「認知症の人の意思を尊重する」「尊厳を傷つけない」ということは，当たり前のようであるが，真の意味で人の自由意志をくみ取り，尊厳を保障していくことは大変難しいことである。認知症ケアの理念と実践のあいだで生じるジレンマは，職員の誰もが抱えており，職業介護者の心のケアは必須である。また，支援の方向性の違いをめぐり，職員間や職種間で摩擦が生じることも少なくない。施設内虐待の観点からも，ケアにともなう感情に向き合う手伝いや，集団内で何が起きているのか共に考えるといった心理的支援は施設ケアにおいて大変重要なテーマである。また，介護では，認知症ケアが中心的な問題になりやすいが，慢性疾患の管理や，精神疾患（うつ病等）のケアも重要である。そのような特性を抱えた人の支援や，家族対応という点で，心理士との協働が期待されている。

3. 地域住民にむけた心理的支援
──地域のエンパワメント

　今後ますます高齢者が増加することが予想される中で，ハイリスク高齢者をスクリーニングし，医療や福祉等の専門的支援と結び付けるような医療モデルでは対応に限界がある。このような状況から考えると，地域における心理士の役割は，認知症やメンタルヘルスに関して予防的な助言，啓発活動などを担う必要があるだろう。そして，従来の専門家中心の支援ではなく，民生委員，ボランティア，見守り支援員等，住民と連携した支援やそのコーディネートに関わる支援が重要になろう。例えば，地域密着型のもの忘れ相談・家族支援（北村・野村編，2017），傾聴ボランティア等の地域の人材育成，認知症カフェをはじめとする居場所支援の取り組み（杉山，2020），幼老複合施設や地域における世代間交流の促進・活用（村山，2017；藤原，2006）などは，その先駆的な取り組みの一部であろう。まだ，地域における心理的支援の活動は，その端緒についたばかりであり，それぞれが抱える課題を乗り越え，今後展開が期待される領域である。

引用・参考文献

Antonucci, T.C. & Jackson, J.S. eds. (2009). Annual Review of Gerontology and Geriatrics 2009：Life-Course Perspectives on Late-Life Health Inequalities. Springer Pub Co.

朝田隆（2013）．厚生労働科学研究費補助金（認知症対策総合研究事業）都市部における認知症有病率と認知症の生活機能障害への対応．総合研究報告書

粟田主一・杉山美香・伊藤佳恵ほか（2015）．地域在住高齢者を対象とする地域包括ケアシステムにおける認知症アセスメントシート（DASC-21）の内的信頼性・

妥当性に関する研究．老年精神医学雑誌．26（6）．675-686

Folstein, M.F., Folstein, S.E., McHugh P.R.（1975）. "Mini-mental State"A practical method for grading the cognitive state of patients for clinician.Journal of Psychiatric Research. 12. 189-198

藤原佳典・西真理子・渡辺直紀ほか（2006）．都市部高齢者による世代間交流型ヘルスプロモーションプログラム"REPEINTS"の1年間の歩みと短期的効果．日本公衆衛生雑誌．53（9）．702-714

樫村正美・川西智也・山下真里・川島義高・石渡明子・舘野周・野村俊明（2018）．認知症介護家族のための心理教育プログラムSTART（STrAtegies for RelaTives）の紹介．日本医科大学基礎科学紀要．47．15-29

加藤伸司・下垣光・小野寺敦志（1991）．改訂版長谷川式簡易知能スケール（HDS-R）の作成．老年精神医学雑誌．2（11）．1339-1347

加藤伸司（2009）．BPSDはなぜ起こるのか，どう向き合うのか．JIM. 19（11）．764-788

Kidwood, T.（1997）. *Dementia reconsidered : the person comes first.* Open University Press.（高橋誠一訳（2005）『認知症のパーソンセンタードケア：新しいケアの文化へ』筒井書房）

北村伸・野村俊明（編）（2017）.『これからの対人援助を考える　くらしの中の心理臨床』福村出版．東京

厚生労働省（2010）. 平成22年介護サービス施設・事業所調査結果の概況（介護保険施設の利用者の状況：
https://www.mhlw.go.jp/toukei/saikin/hw/kaigo/service10/dl/kekka-gaiyou_04.pdf）．

厚生労働省（2018）．平成30年度版高齢社会白書（健康と福祉：
https://www8.cao.go.jp/kourei/whitepaper/w-2018/zenbun/pdf/1s2s_02_01.pdf）

厚生労働省（2019）.「高齢者虐待の防止，高齢者の養護者に対する支援等に関する法律」に基づく対応状況等に関する調査結果
（https://www.mhlw.go.jp/stf/houdou/0000196989_00002.html）

Livingston, G., Barber J., Rapaport, P. et al.（2013）. Clinical effectiveness of a manual based coping strategy programme（START, STrAtegies for RelaTives）in promoting the mental health of carers of family members with dementia : pragmatic randomised controlled trial. BMJ. 347

松田修・中谷美保子（2004）.『日本語版COGNISTAT検査マニュアル』株式会社
　ワールドプランニング

松本直美・池田学・福原竜治ほか（2006）. 日本語版NPI-DとNPI-Qの妥当性と
　信頼性の検討. 脳と神経. 58（9）. 785-790

百瀬由美子（2009）.「ストレスマネジメント」から見た認知症高齢者の家族の理解
　と支援. 家族看護. 7（1）. 55-61

村山陽・竹内瑠美・山口淳ほか（2017）. 幼老複合施設における世代間交流の可能性
　と課題. 老年社会科学. 38（4）. 427-436

日本臨床心理士会第3期後期高齢者福祉委員会（2018）. 高齢者領域における臨床心
　理士の活動実態に関するWEB調査報告書. 日本臨床心理士会

日本神経学会（2017）.『認知症疾患診療ガイドライン2017』医学書院

認知症施策推進関係閣僚会議（2019）. 認知症施策推進大綱
　（https://www.mhlw.go.jp/content/000522832.pdf）

杉山美香・岡村毅・粟田主一ほか（2020）. 大都市の大規模集合住宅地に認知症支援
　のための地域拠点をつくる－Dementia Friendly Communities創出に向けての高
　島平ココからステーションの取り組み. 日本認知症ケア学会誌. 18（4）. in press

Susser, E., Schwartz, S., Morabia, A., et al.（2006）. *Psychiatric Epidemiology*：
　Searching for the Causes of Mental Disorders. Oxford University Press, London

田中悠美子（2016）. 介護家族のストレスとソーシャルサポート：認知症家族会の機
　能を考える（特集 高齢者ケア従事者のストレス対策）. 地域リハビリテーション. 11
　（10）. 658-662

山下真里（2019）. 認知症デイケアにおける社会的相互作用を活用した支援の意義.
　首都大学東京大学院, 博士論文

12 | 福祉心理学における移行支援

村松健司

《**目標&ポイント**》 私たちは，子どもからおとなへ，そしてやがて老いを迎える。人生を「移行の連続」と捉えると，移行をどう乗り越えるかは重要な視点になってくる。特に障害を抱えた人にとっての移行は，さまざまな困難があるものの，そのサポートにおいては「できないこと」のみに注目することは望ましくない。発達の本質は，「できないことができるようになる」ことではなく，「その人なりによりよく生きること」という福祉心理学の理念と親和性が高い。そのための，移行支援が重要であり，システム的支援の在り方を考察する。

《**キーワード**》 ライフサイクル（人生移行），移行支援，移行期の危機

1. 現代社会における福祉的移行の諸問題

（1）子どもの誕生

　ここでは，移行の基礎となる子ども期，青年期などの概念がどう「誕生」したかを検討してみたい。歴史学者のアリエスは1960年に『〈子供〉の誕生』を出版し，中世においては，子どもは「小さなおとな」と見なされていたにすぎないことを指摘している。さらに近世まで人には子ども期，青壮年期，老年期しかなく（太田，1995），人がまだどう発達を遂げていくのかというライフサイクルの概念は成立していなかった。太田（1995）のまとめを援用すると，その後の展開は以下のようであったという（図12-1）。

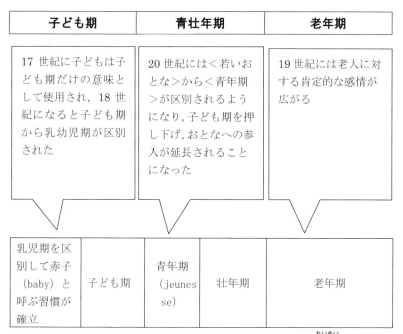

子ども期	青壮年期	老年期
17 世紀に子どもは子ども期だけの意味として使用され，18 世紀になると子ども期から乳幼児期が区別された	20 世紀には＜若いおとな＞から＜青年期＞が区別されるようになり，子ども期を押し下げ，おとなへの参入が延長されることになった	19 世紀には老人に対する肯定的な感情が広がる

乳児期を区別して赤子（baby）と呼ぶ習慣が確立	子ども期	青年期（jeunesse）	壮年期	老年期

図12-1　人生の区分変化とライフサイクル形成の黎明期

（出典：太田素子「ライフサイクルについての歴史的研究」無藤 隆，やまだようこ（責任編集）『生涯発達心理学とは何か 理論と方法』金子書房，筆者一部改変）

　人類の歴史の長きにわたって，子どもは「小さなおとな」として将来の労働力たるべき存在を期待されていた。児童虐待防止の機運を形成することになった19世紀後半にアメリカで起きた児童虐待事件である「メアリ・エレン・ウィルソン事件」も，当時児童虐待に対応する法律がなく，養母から子どもを保護したのは，アメリカ動物虐待防止協会であった。人の発達における乳幼児期の重要性と，人の発達の連続性（移行）が広く認識されるようになったのは，ようやく20世紀に入ってからのことである。

（2）ライフサイクルと移行期

　精神分析の創始者であるフロイトは，精神内界にはリビドーという本能のエネルギーがあり，その適切でない動きがさまざまな精神症状を発現させると考えた。フロイトの考えを基本にしつつ，修正と精緻化を試みていった学問を自我心理学という。フロイトの後継者たちはさまざまな学派を構成して現代に至っている。自己心理学（コフートなど），対象関係論（クラインなど），独立学派（ウィニコットなど），個人心理学（アドラーなど），分析心理学（ユングなど）といった学問の移行のプロセスも興味深いので，ぜひ調べてほしい。

　アメリカにおける自我心理学者の一人であるエリクソンは，「心理－社会モデル」を提唱し，青年期までしかなかったフロイトの発達理論を生涯のライフサイクルとしてまとめている。エリクソン自身，元々は画家を志すも，再婚家庭の家に居場所を見つけることができず，各地を放浪したどり着いたアメリカで精神分析と出会い，有名な「アイデンティティ（自己同一性）という概念をまとめ上げた。これは，「自分は何者か」という自分自身への問いであったのかもしれない。

　エリクソンは人の一生を以下の8段階に分け，二項対立的な危機から「基本的な強さ」が得られるとしている（表12-1）。エリクソンの発達理論は，いわゆる発達課題ではなく，発達段階に特に優勢な現象を示している。あえて空欄があるのは，過去と未来を視覚化するためのものである。例えば，成人期の課題である「生殖性」（これは近年，世代性と見なされることが多い）について考えてみよう。結婚を意識し，子どもを授かるかどうか。その時に，親との関係がクローズアップされてきて，自分は子どもを育てる自信がない（基本的信頼に揺らぎが生じる）と思うこともありえよう。また，自分の時間を子どもの育児に割くことに抵抗を感じたり，これからの自分の人生に対する疑念が生じてしまう

表12-1　心理・社会的危機

		1	2	3	4	5	6	7	8
老年期	Ⅷ								統合 対 絶望, 嫌悪 英知
成人期	Ⅶ							生殖（世代）性 対 停滞 世話	
前成人期	Ⅵ						親密 対 孤立 愛		
青年期	Ⅴ					同一性 対 同一性混乱 忠誠			
学童期	Ⅳ				勤勉性 対 劣等感 適格				
遊戯期	Ⅲ			自立性 対 罪悪感 目的					
幼児期初期	Ⅱ		自律性 対 恥, 疑惑 意志						
乳児期	Ⅰ	基本的信頼 対 基本的不信 希望							

（出典：E.H. エリクソン，J.M. エリクソン『ライフサイクル，その完結』みすず書房）

かもしれない。「これまで順調に生活してきたのに…」。エリクソンの発達理論は，それまでの自分のまとまりを再構成することを意図している。「停滞」の危機に至らないためには，「子どものいる人生が自分にとって新しい何かを与えてくれるかもしれない」とその人の認識が組み替えられていくかもしれない（もちろん，子どもを授かることが社会的に重要であると指摘しているわけではない）。言い換えれば，エリクソンの発達理論は，それぞれの課題が優勢になる時期にどうまとまりのある自分を作っていけるかという人生移行の上に成り立っているものと言うことができるだろう。

（3）老年期の新しい課題

　エリクソンの書籍が出版された時代，1970（昭和45）年の日本の平均寿命は，男性が69.31歳，女性が74.66歳であった。ちなみに，平均寿命は「0歳児の平均余命」を意味するもので，統計から「今年生まれた子が何歳まで生きるか」を算出した期待値である。2018（平成30）年の平均寿命は男性81.25歳，女性87.32歳であり（厚生労働省，2019），約半世紀で男性は12歳，女性は13歳ほど寿命が延びたことになる。政府は「2007年に日本で生まれた子どもについては，107歳まで生きる確率が50％」と算出し，「人生100年時代構想会議」を設置した（内閣官房人生100年時代構想推進室，2017）。

　定年が65歳として，現在でも男性は約16年，女性は約22年の「老後」が生じることになり，この老後はさらに延長していくことが見込まれる。さらに，老後は経済的な問題に加えて，老化によって視力聴力などの身体機能が衰え，体力，気力も減弱していくことになる。この結果，フレイル（虚弱：運動機能の低下をもたらす）やサルコペニア（加齢とともに筋力や筋量が減少すること）が生じ，こういった身体の機能低下が認知機能の低下リスクであることが指摘されるようになった。人生移行という視点で見たとき，老年期は終着点ではなく，健康をできるだけ維持しながら，生まれた子どもが成人になるまでの20年（今後は18年になるかもしれない）以上の歳月をどう生きるか，という新たな課題を私たちに投げかけている。かつては，「楽隠居」という言葉があったが，とても現代には通じそうもない。また，古来のように，信仰を糧として老いを前向きに受け入れていった時代に戻ることも現実的ではないだろう。心理学や医学などの関連諸科学は，少なくとも「老年期の再検討」をしていく必要があるが，私たち個人は「老年期に，どうしたら少しでも幸福に生きられるか」を早い段階から考え，移行に備えて

おく必要があると指摘できよう。

2．移行の危機と可能性

（1）発達と移行

　エリクソンの発達理論から，老年期を最初に検討した。エリクソンが提唱した8段階の発達理論は精緻なものだが，この間の過渡期には何が起こるのだろうか。レビンソン（1978）は人間の生涯を5段階に分けた上で，その段階のあいだに過渡期を設定している。レビンソンの理論を援用して，現代の発達の大まかな見取り図を示してみたい（図12-2）。

図12-2　**人の発達**（成熟）**と移行期**

（出典：筆者作成）

　乳児期から老年期まで，人は発達（成熟）の動きを止めることがない。何らかの障害を持った人もそれは同様だろう。乳児から幼児への移行に際しては，「イヤイヤ期」（terrible-two）があげられるかもしれない。イヤイヤ期は，子どもなりにできることが増えるものの，まだうまくいかないことも多く，感情が不安定になりがちな時期である。この崩れた感情（マイナスな感情）を立て直してもらうことが子どもの感情調節能力につながっていく（遠藤，2017）。このようにして，子どもは大

人の力を借りながらさまざまな能力を発達させていくのである。

　幼児期から就学までに，子どもは幼稚園や保育園での集団生活を体験しながら，いわゆる非認知的能力を発達させていく。非認知的能力は，ソフトスキルとも呼ばれ，幼少期には読み書きなどの認知的能力よりも，非認知的能力に注目することが子どもの潜在能力を伸ばし，将来の生活の安定につながるとヘックマン（2018）は指摘している。OECD（2015）による研究では，非認知的スキル（社会情緒的スキル）は，長期目標の達成，他者との協働，感情を管理する能力からなると指摘し，非認知的スキルは認知的スキルと相互に関連するものであり，私たちの個人的な生活と社会的生活がよりよく営まれるよう，統合的に使用されることが重要であると報告している。

　学童期の移行課題は，「中1プロブレム」（小学校と中学校の環境変化に対応できず，不登校などの困難が生じること）に代表される環境の変化と，認識の変化だろう。読者の中には，中学生になってから高校や大学，その先の大人になってからのことなどが急に気になるようになってきたり，小学生の頃とは時間の流れが異なって，一年がとても早く感じるようになった人がいるのではないか。

　心理学では「時間的展望の研究」という分野があり，中2くらいになると「何となくの不安」が強くなるという研究がある。少し前に14歳の少年たちによる事件が多発し，「キレる子どもたち」が注目されたことがあったが，子どもは突然キレるのではなく，背景に何からの不安があり，それを受け止めてくれるしっかりとした関係が薄いからキレるのである。最近はキレる大人の方が多いように感じるが，家庭に居場所がなく，孤独な状況が彼らをキレさせるのかもしれない。幼少期もその後も，誰かとしっかりと「つながっている」ことは移行期を乗り切る必須条件であろう。

　ここで，思春期・青年期の健康リスクについて考えてみたい。思春期・青年期は死と縁遠いイメージがあるかもしれないが，実際は思春期の自殺未遂は少なくなく，15歳から24歳の死因の割合の第1位は事故でなく自殺である。こういった自殺関連行動，不健康な食行動，アルコール，その他の薬物使用といった健康リスク行動（あるいはリスク行動）があること（小野・保坂，2012）を念頭に置き，普段と異なる行動が見受けられないか，常に注意を払う必要がある。

　青年期から成人期への移行では，心理的モラトリアム（社会的役割等を免除されること）が重要な役割を果たした時代があった。そして，この時期に重要になるのが親からの自立（第二の心理的誕生）のプロセスである。保坂ら（1986）によれば，親からの自立に際しては，友人関係がその代行機能を果たすとされている。しかし，現代の友人関係は「広く浅く」を志向することが少なくなく，親からの自立の基盤としては十分とは言えない可能性がある。総務省国勢調査（2015）でも「親と『同居している』未婚の者の割合は，2010（平成22）年と比べると，男女共に25～34歳を除いたすべての年齢階級で上昇」と指摘されている。もちろん，同居の背景には経済的問題など複数の要因が想定できるだろうが，40～44歳までの男女の6割以上が実家で生活しているという状況は，成人期への移行という意味でも，困難な状況にある人が少なくないことを物語っている。

　社会人となって社会参画を果たす時期が成年前期としたら，成人後期はエリクソンのモデルに基づくと「世代性（生殖性）」がクローズアップされてくる。筒井・亀坂ら（2013）は，結婚・出産によって幸せになれると予想する程度は「100段階で結婚では77，出産では87と極めて高い。」という。そしてその一方，「不安についても，それぞれ，48，56と比較的高い値を示す。」と指摘している。次の世代を授かることには

期待と不安が入り交じっており，その葛藤を家事の分担や育児後の子どもの世話の話し合いで解決しようとしていることがうかがえる。また，パートナー同士は趣味が一致しており，結婚前から言わば「似たもの同士」の親密さが結婚・出産にまつわる葛藤を直接解決（共有）しようとする行動に結びついているとも考えられる。つまり，結婚後の人生設計について，夫婦が共通のイメージを持てることが求められてくる。しかし，生活が不安定であったり，結婚や出産の葛藤が未解決の場合には，「世代性」という大きなライフサイクルの前で停滞してしまうことが考えられよう。

（2）家族の移行

「世代性」という視点からは，鯨岡（2002）が指摘するように，「育てられる者」であったものが「育てる者へ」という転換を経る必要がある。そして，「育てる者」であった親は子どもの自立とともに，あらためて子どものいない生活を夫婦で構築していくことになる。この際のいわゆる「熟年離婚」は，老年期に移行する危機の一つと言える。

表12-2は，家族のライフサイクルを示したものである。

これをみても，家族はその時々に応じて柔軟に移行（変化）し，状況に合うようにシステム変更していくことがわかる。例えば，いつまでも子どもを子ども扱いし，家族の中心的な役割を譲ろうとしないばかりか，子ども世代の問題にも口を出してくる場合，「家族（世代）境界」が曖昧になってしまい，家族に葛藤をもたらすことにもなりかねない。

（3）障害者の移行の困難

障害を抱えた人特有の移行期の困難には，どんなことがあるだろうか。筆者は，基本的には障害のあるなしにかかわらず，人はペースの違

表12-2　家族のライフサイクル（子どもたちがいる家族の場合）

ステージ	家族システムの発達課題	個人の発達課題
家族からの巣立ち（独身の若い成人期）	原家族からの自己分化	親密性　対　孤立 職業における自己確立
結婚による両家族の結合（新婚期・家族の成立期）	夫婦システムの形成 実家の親とのつきあい 子どもを持つ決心	友人関係の再編成
子どもの出生から末子の小学校入学までの時期	親役割への適応 養育のためのシステム作り 実家との新しい関係の確立	世代性　対　停滞
子どもが小学校に通う時期	親役割の変化への適応 子どもを包んだシステムの再調整 成員の個性化	世代性　対　停滞
思春期・青年期の子どもがいる時期	柔軟な家族境界 中年期の課題達成 実父母世代の世話	
子どもの巣立ちとそれに続く時期：家族の回復期	夫婦システムの再編成 成人した子どもとの関係 祖父母世代の老化・死への対処	
老年期の家族の時期：家族の交替期	第2世代に中心的な役割を譲る 老年の知恵を経験と包含	統合　対　絶望 配偶者・友人の喪失 自分の死への準備

（出典：平木典子・中釜洋子『家族の心理―家族への理解を深めるために』（2006年）サイエンス社，筆者一部改変）

いはあるにせよ，その時代にはほぼ同様の移行課題が存在すると考えている。障害を抱えた人も同様に思春期・青年期で自己の確立や自立で悩み，社会への移行では不安やためらいを強くしていると思われる。だからこそ，いわゆる健常者と同様の視座が必要になるのである。

　こんな話を聞いたことがある。20代の知的障害を抱えた青年が，作業所に行きたがらないという。「あんな簡単な仕事はしたくない」のだと家族に言っているらしい。私たちはどこかで，彼らは「うまくできないのだからしかたない」という思いをもっていないだろうか。特別支援学校の子どもとかかわると，「もっと難しいことがしたい」という意見を聞くことがある。大人は彼らに対して優しく丁寧に，と思うかもしれないが，たとえ十分には理解できなくてもその時の社会情勢や困難な課題について話して聞かせ，彼らを年齢相応に遇することは大切なことで

ある。それが障害を抱えた人の自信につながっていく。

　ちなみに最近よく「定型発達」という言葉を聞くが，筆者はとても違和感がある（注1）。発達は個性的なもので，決まった形であるわけではない。年齢に応じた発達課題は「目安」なのである。障害を抱えた人は，その課題を通過するのに時間がかかったり，より多くの反復練習を必要とする。

　図12-2は知的障害児の発達のモデルを示したものである（熊谷，1982）。ある発達上の課題は少しずつ高度化（高次化）し，例えばⅠからⅡに進むときは，連続的に移行するのではなく，飛躍的に発達する。例をあげよう。小学校3年生の算数では，小数という私たちの生活になじみの少ない抽象概念が登場する。算数はその後，分数や割合，単位などが出現し，国語では接続詞が登場する。具体的思考から抽象的思考にジャンプしなければならないのである。この時につまずく子どもがいて，「10歳の壁」（欧米では「9歳の壁」が多い）と呼ばれている。

　知的障害児の場合には，焦らずに反復練習を積み，ヨコの発達段階を十分経験しながらタテの発達を遂げていくことが重要とされている。

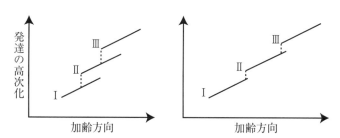

図12-3　健常児（左）と知的障害児の発達過程のモデル
（出典：加藤直樹・茂木俊彦編『障害児の心理学』青木書店）

（注1）定型発達という言葉は，発達障害の人が健常者を自分たちと区別するために用いられ始めたという指摘がある（松本・高岡，2008）。この指摘に従えば，健常者から定型発達を持ち出すのは，順序が逆ということになる。

3. 移行のためのシステム

　未知のことに対しては，恐れや不安がつきまとう。思春期・青年期の移行の困難は，身体の変化とともに，未知なる「大人としての自分」を意識するためであるのかもしれない。「変化」は「危機」を招くことがあるが，「危機（crisis）の語源はギリシア語の『カイロス』（分岐点）という語にあり，①危険であることと②転換点という2つの意味がある」（長尾，1999）という指摘がある。移行期に適切な支援があれば，それは人の成長にもつながる可能性がある。

　何が適切な支援なのかは難しいが，精神障害では，精神障害者が病院でなく地域で生活できるように，精神障害者地域移行・地域定着支援事業が始まっている。認知症においても，概ね30分の中学校区を目安に，ワンストップの支援が受けられる地域包括ケアシステムが2025年を目指して整備されている。発達障害では就労移行支援が，ひきこもり者にはひきこもり地域支援センターなど，身近な「地域」を核とした支援体制が整えられつつある。若者の就労支援でも，厚生労働省委託の地域若者サポートステーション（サポステ），都道府県が実施しているジョブカフェなど，ハローワーク以外の支援機関が設置されるようになった。移行における危機を可能性につなげるためには，こういった支援のシステムが網の目のように用意され，身近な地域に相談できる場所があるという安心感を持てることが重要だろう。

　ここで，大変重要なことを指摘しておかなくてはならない。小規模グループケアが開始されてから毎年担当変更がある児童養護施設があると聞く。また，「子どもが混乱するから」という理由から，スタッフの退職日（あるいは数日前）に離職を告げられることも少なくない。心理職の担当変更は，大人なら少なくとも三カ月前，子どもでも二カ月はとら

ないと「喪の儀式（モーニングワーク：別れの仕事)」が十分に行えず，クライエントは「見捨てられ体験」をすることになりかねない。

　この「別れの重要性」を，心理職は施設のケアスタッフや管理職に伝えていく必要がある。家庭的なケアを目指すなら，自分をケアする人はほとんど変わらない，変わるとしても「別れ」が大切にされる施設ケアでなければならない。施設で成長し，次のステップに移行していく子どもの多くが，退園前になると「問題」を起こすのを，私は何度も見てきた。これも移行のための儀式なのだろう。移行が可能性になるためには，それが危機であることをスタッフが十分理解している必要があるのだ。

　移行は複合的な問題が内包されているため，その危機を救うのは包括的で安定したシステムであり，それを運用する支援者の連携・協働である。私たちは環境と相互に影響しながら，一つのシステムを維持しているが，移行に際してはこの安定が揺らぎ，「未知のシステム」を作り上げなくてはならなくなる。「未知のシステム」に移行できない場合には，自分の居場所を見つけられなくなり，少なくない施設経験者がそうであるように，社会の中をさまよってしまうことになりかねない。福祉心理学には，この「未知のシステム」の形成に寄与できるような充実した理論と実践が要請されているのである。

引用・参考文献

Aries, P. (1960). 杉山光信・杉山恵美子訳（1980).『〈子供〉の誕生―アンシァン・レジーム期の子供と家族生活』みすず書房

遠藤利彦（2017).『赤ちゃんの発達とアタッチメント　乳児保育で大切にしたいこと』ひとなる書房

Erikson, E.H., Erikson, J.M. (1982). 村瀬孝雄・近藤邦夫訳（1989).『ライフサイ

クル，その完結』みすず書房

平木典子・中釜洋子（2006）．『家族の心理―家族への理解を深めるために』サイエンス社

保坂　亨・岡村達也（1986）．キャンパス・エンカウンター・グループの発達的・治療的意義の検討―ある事例を通して―，心理臨床学研究. 4（1）. 15‑26

Heckman, J.J.（2001）．古草秀子訳（2018）．『幼児教育の経済学』東洋経済新報社

厚生労働省（2019）．平成30年簡易生命表の概況

　https://www.mhlw.go.jp/toukei/saikin/hw/life/life18/dl/life18‑15.pdf

鯨岡　峻（2002）．『〈育てられる者〉から〈育てる者〉へ　関係発達の視点から』（NHKブックス）．NHK出版

Levinson, D.J.（1978）．南　博訳（1980）．『人生の四季‑中年をいかに生きるか』講談社

内閣官房人生100年時代構想推進室（2017）．人生100年時代構想会議

　http://wwwa.cao.go.jp/wlb/government/top/hyouka/k_42/pdf/s3‑1.pdf

OECD（2015）. Skills for social progress：The power of social and emotional skills

太田素子（1985）．「ライフサイクルについての歴史的研究」．無藤　隆，やまだようこ（責任編集）．『生涯発達心理学とは何か　理論と方法』金子書房

小野善郎・保坂　亨（2012）．『移行支援としての高校教育　思春期の発達支援からみた高校教育改革への提言』福村出版

松本雅彦・高岡　健（2008）．『発達障害という記号』批評社

総務省（2015）．平成27年国勢調査

　https://www.stat.go.jp/data/kokusei/2015/kekka/kihon3/pdf/gaiyou.pdf

筒井義郎・亀坂安紀子・Movshuk, O.・白石小百合（2013）．どのような人が結婚・出産を決意するのか？アンケート調査の結果. 大阪大学経済学. 63（3）. 1‑38

横山高幸（1982）．障害にともなう独自な発達的問題. 加藤直樹・茂木俊彦編『障害児の心理学』青木書店

13 | 移行支援としての心理支援①
子育て支援

坪井裕子

《**目標＆ポイント**》 妊娠前から妊娠・出産期，乳幼児の子育て期に至る切れ目のない支援が求められている。本章では親子の包括的心理支援の在り方について検討する。また，子育て支援に関する課題を理解することを目標とする。
《**キーワード**》 子育て支援，環境調整，虐待への対応，社会的養護，里親，養子縁組

1. 子育て支援をめぐるさまざまな課題

　少子高齢化が進む中で，子どもを産み育てやすい社会づくりが国をあげての課題となっている。子どもの貧困や虐待の問題，働き方改革との関連で，夫婦で協力して子どもを育てる仕組みづくりなど，さまざまな課題がある。そこで本章では，子育て支援をめぐるさまざまな課題とその支援の多様性について紹介する。

（1）少子化対策と子育て支援の施策
　厚生労働省によると，わが国の年間の出生数は，第1次ベビーブーム期には約270万人，第2次ベビーブーム期には約210万人であった。1975（昭和50）年に200万人を割り込み，それ以降，毎年減少しつづけた。1984（昭和59）年には150万人を割り込み，1991（平成3）年以降は増加と減少を繰り返しながら，緩やかな減少傾向となっている。2015（平

成27）年の出生数は，100万5,677人であった。1人の女性が生涯に産む子どもの数にあたる合計特殊出生率を見ると，第1次ベビーブーム期には4.3を超えていたが，1950（昭和25）年以降急激に低下している。その後，第2次ベビーブーム期を含め，ほぼ2.1台で推移していたが，1975（昭和50）年に2.0を下回ってから再び低下傾向となった。1989（昭和64，平成元）年にはそれまで最低であった1966（昭和41）年（丙午：ひのえうま）の1.58を下回る1.57を記録し，「1.57ショック」と言われるようになった。さらに2005（平成17）年には過去最低である1.26まで落ち込んだ。その後，微増に転じたが，厚生労働省の人口動態統計（2019）によると，2018（平成30）年に生まれた子どもの数（出生数）は91万8,397人で過去最低を更新し，3年連続で100万人を割っている。2019（平成31，令和元）年の出生数はさらに減少し，90万人を下回る見込みとなっている。合計特殊出生率は，2018年の場合，1.42と，17年から0.01ポイント下がっている。出生数及び合計特殊出生率の年次推移（厚生労働省HPから引用）を図13-1に示す。

　国は少子化問題に対応するために，1994（平成6）年に「今後の子育て支援のための施策の基本的方向について」（エンゼルプラン）を発表し，1999（平成11）年には「重点的に推進すべき少子化対策の具体的実施計画について」（新エンゼルプラン）を発表した。2003（平成15）年には「少子化社会対策基本法」が施行された。この法律では，「少子化に対処するための施策は，父母その他の保護者が子育てについての第一義的責任を有するとの認識の下に，国民の意識の変化，生活様式の多様化等に十分留意しつつ，男女共同参画社会の形成とあいまって，家庭や子育てに夢を持ち，かつ，次代の社会を担う子どもを安心して生み育てることができる環境を整備すること」等を規定している。同年，「次世代育成支援対策推進法」も整備した。2005年には「新エンゼルプラ

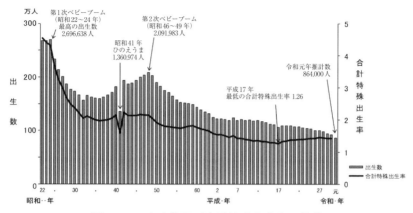

図13-1　出生数及び合計特殊出生率の推移

（出典：厚生労働省HP）

ン」に代わるものとして「子ども・子育て応援プラン」の重点課題が示された。2013（平成25）年には，「子どもの貧困対策の推進に関する法律」（子どもの貧困対策推進法）により，ひとり親家庭への支援，親や子どもの就労支援，奨学金の拡充などが行われた。同年，子ども子育て関連3法（「子ども・子育て支援法」，「認定こども園法の一部改正法」，「子ども・子育て支援法及び認定こども園法の一部改正法の施行に伴う関連法律の整備等に関する法律」）が施行され，2015（平成27）年には「子ども・子育て支援新制度基本法」の施行，さらに「次世代育成支援対策推進法」の改正も行われた。これらは，仕事と子育ての両立（ワークライフバランス）を支援する政策と言える。2016（平成28）年には「子ども・子育て支援法」改正が行われ，2017（平成29）年に「子育て安心プラン」が示されている。これは，親が働きたくても子どもが保育園に入れないという待機児童問題を解消し，約32万人分の保育の受け皿整備，保育士の確保などを行い，保育と連動した「働き方改革」を目

指すものである。さらに，2019（令和元）年に子ども・子育て支援法の一部を改正する法律が成立し，同年10月から施行された。幼稚園，保育所，認定こども園などを利用する3歳から5歳児クラスの子ども，住民税非課税世帯の0歳から2歳児クラスまでの子どもの利用料を原則無償化するものである。

（2）親子の支援

　親子の支援については1964（昭和39）年の母子福祉法（1983（昭和58）年に母子及び寡婦福祉法に改正された）をはじめとし，1965（昭和40）年の母子保健法によって，母子健康手帳や妊産婦検診，乳幼児検診などが整備されるようになった。その後，母子の健康水準を向上させるためのさまざまな取り組みを推進する国民運動計画である「健やか親子21」が2001（平成13）年より開始された。平成27（2015）年度から令和6（2024）年度までの予定で，新たな計画として「健やか親子21（第2次）」が始まっている。10年後に目指す姿を「すべての子どもが健やかに育つ社会」として，すべての国民が地域や家庭環境等の違いにかかわらず，同じ水準の母子保健サービスが受けられることを目指すとしている。その中で，現在の母子保健を取り巻く状況を踏まえて表13-1に示すように3つの基盤課題を設定し，特に重点的に取り組む必要のある

表13-1　健やか親子21（第2次）の基盤課題・重点課題

基盤課題	A	切れ目ない妊産婦・乳幼児への保健対策
	B	学童期・思春期から成人期に向けた保健対策
	C	子どもの健やかな成長を見守り育む地域づくり
重点課題	1	育てにくさを感じる親に寄り添う支援
	2	妊娠期からの児童虐待防止対策

（出典：「健やか親子21（第2次）」）

ものを2つの重点課題としている。

　2016（平成28）年度の児童福祉法の改正を受けて，子ども及び妊産婦の支援事業を行うため，「子育て世代包括支援センター」や，子ども家庭総合支援拠点が設置されることとなった。妊娠前から妊娠期・出産・育児期の切れ目のない支援を目指すものである。

　近年，「ワンオペ育児」という言葉が聞かれるように，家事・育児（共働きの場合は仕事も行った上である）を一人でこなさなくてはいけないという一人に偏った負担（多くは母親）があることや，育児の協力者がいないこと（孤立化）が問題となっている。育児・介護休業法には，両親が協力して育児休業を取得できるように，パパ休暇（出産後8週間以内に取得した場合の再取得の特例），パパ・ママ育休プラス（夫婦二人の育休期間を足して，子どもが1歳2カ月になるまで育休期間を延長できる制度）等の特例がある。育児や家族介護を行う労働者等の職業生活と家庭生活との両立が図られるようにするために，2019（令和元）年12月に改正育児・介護休業法施行規則及び改正指針が公布又は告示され，2021（令和3）年1月1日からは，育児や介護を行う労働者が，子の看護休暇や介護休暇を時間単位で取得することができるようになる。

　このほかにも，社会で子育てを支えるシステムとして，ファミリー・サポート・センター事業がある。乳幼児や小学生等の児童を有する子育て中の労働者や主婦等を会員として，児童を預ける側と援助を行うことを希望する者との相互援助活動に関する連絡，調整を行うものである。これらの制度をうまく組み合わせることで，両親ともに，仕事と家庭の両立を実現することが望まれている。

2.　支援が必要な親子へのアプローチ

（1）支援が必要な親子への対応

　これまですべての親子にかかわる支援について述べてきたが，ここで
はより手厚い支援が必要な親子へのアプローチとして養育支援訪問事業
を紹介する。この事業の対象者は，「乳児家庭全戸訪問事業（こんにち
は赤ちゃん事業）の実施結果や母子保健事業，妊娠・出産・育児期に養
育支援を特に必要とする家庭に係る保健医療の連携体制に基づく情報提
供及び関係機関からの連絡・通告等により把握され，養育支援が特に必
要であって，本事業による支援が必要と認められる家庭の児童及びその
養育者」とされている。育児ストレス，産後うつ病，育児ノイローゼ等
の問題によって，子育てに対して不安や孤立感等を抱える家庭や，さま
ざまな原因で養育支援が必要となっている家庭に対して，子育て経験者
等による育児・家事の援助又は保健師等による具体的な養育に関する指
導助言等を訪問により実施することにより，個々の家庭の抱える養育上
の諸問題の解決，軽減を図ることを目的としている。家庭内での育児に
関する具体的な援助，（産褥期の母子に対する育児支援や簡単な家事等
の援助，未熟児や多胎児等に対する育児支援・栄養指導，養育者に対す
る身体的・精神的不調状態に対する相談・指導，若年の養育者に対する
育児相談・指導，児童が児童養護施設等を退所後にアフターケアを必要
とする家庭等に対する養育相談・支援）などを行うこととなっている。

（2）切れ目のない支援

　わが国で出生前から妊娠中，乳幼児期における切れ目のない支援の取
り組みを行う際に，フィンランドの「ネウボラ」が参考になると考えら
れる。フィンランドでは，子どもの出産前から出産後，小学校入学まで

の期間，「ネウボラ」という子育て支援機関が各地域での相談を担っている。坪井ら（2019）は，フィンランドのネウボラを訪問し，現地のネウボラナースおよびフィンランド在住の邦人女性へのインタビューを行っている。現地視察を踏まえて，ネウボラの実際を以下に紹介する。

①ネウボラの基本情報・目的：フィンランド全国で約850カ所の公立ネウボラがある。ネウボラナースが常駐し，医師，心理士などの職種の人がいる。妊娠期から就学前までの子どもの健やかな成長・発達の支援，母親，父親，きょうだい，家族全体の心身の健康のサポートを目的としている。虐待や暴力その他の問題の予防も含まれている。

②検診等のシステム：妊娠中だけでなく，出産計画や不妊についてなど，妊娠前から相談することができる。妊娠期間中には約10回の検診を行う。妊娠中の検診時には，家庭内の暴力や虐待のリスクアセスメント（質問紙）を行い，ハイリスク家庭のスクリーニングをしている。すべての家庭に出産後すぐにネウボラナースが訪問を行い，その後1歳までは5回ほどの検診を行う。生後6カ月頃には育児の孤立化を防ぐために，グループネウボラとして，同じような月齢の子どもを持つ家族のミーティングの機会を設けている。1歳代は半年に1回，2歳以降は年1回のペースで子どもが小学校に入学するまで定期的に検診や相談を行っている。法定の予防接種を受けることもできる。

③他機関との連携：ハイリスクな妊婦は病院と連携して検診を行う。子どもの発達に課題がある場合やカウンセリングが必要な場合は，提携している病院やネウボラ心理士につなぐ。他職種連携の会議を行っており，本人の了解を得た上でソーシャルワーカーや幼稚園・保育園との情報を共有する。就学後はスクールナースやスクールカウンセラーに引き継ぎを行うとのことである。

④課題：妊娠中から就学まで，できるだけ同じ担当者が信頼関係を作っていくようにしているとのことである。家族を孤立させないことが重要と考えているが，それでもさまざまな事情で検診に来なくなる人があり，いろいろなアプローチを行って，いかにつないでいくのかが課題とのことであった。

⑤邦人女性のインタビューから：妊娠がわかってすぐに検診に行くと，育児に必要なお金か，育児パッケージ（現物）を選べる仕組みがある。最初の子どもの場合はパッケージを選ぶ人が多い。衣類やオムツなどの現物支給によって，出産時に用意しておくものの参考になったそうである。ネウボラの良いところは「1対1でゆっくり話ができること」とのことであった。

フィンランドにおけるネウボラのシステムは，妊娠前から妊娠期，出産後の子育て期を通して継続的な支援が受けられるものである。ハイリスク家族への早期支援や，「産後うつ」への対応，子ども虐待防止の観点などからも，このような切れ目のない支援の取り組みは重要である。日本でも既にいくつかの自治体で「日本版ネウボラ」が導入され始めている。健やか親子21（第2次）の基盤課題にもあげられているように，切れ目のない支援を行うことを目的に，ハイリスクな妊婦（若年の妊婦及び妊婦健康診査未受診や望まない妊娠等の妊娠期からの継続的な支援を特に必要とする妊婦）を「特定妊婦」（児童福祉法第6条の2第5項）として，出産前から支援を行うこととなっている。これは公認心理師のかかわりが必要な分野でもある。行政の管轄や保健医療体制が異なる中でも，ネウボラの理念を活かした親子への切れ目のない支援を行っていくことが，今後の課題と考えられる。

3. 社会的養育が必要な子どもたち

（1）要保護児童とは

　厚生労働省の要保護児童対策地域協議会設置・運営指針によると，虐待を受けている子どもをはじめとする要保護児童（児童福祉法第6条の3に規定する要保護児童をいう）の早期発見や適切な保護を図るためには，関係機関がその子ども等に関する情報や考え方を共有し，適切な連携の下で対応していくことが重要である。こうした多数の関係機関の円滑な連携・協力を確保するためには，責任体制の明確化，個人情報保護の要請と関係機関における情報共有の関係の明確化が必要である。このため，2004（平成16）年の児童福祉法の一部を改正する法律において，「地方公共団体は，要保護児童の適切な保護を図るため，関係機関等により構成され，要保護児童及びその保護者（以下「要保護児童等」という）に関する情報の交換や支援内容の協議を行う要保護児童対策地域協議会（以下「地域協議会」という）を置くことができる」と整備された。

　この地域協議会の対象児童は，児童福祉法の条文では「保護者のない児童又は保護者に監護させることが不適当であると認められる児童」とされている。虐待を受けた子どもや非行児童などが含まれ，「不良行為をなし，またはなす恐れのある児童」（虞犯）などもこの範疇に入る。つまり被虐待児だけでなく，非行児童も対象となっているのである。少年非行問題を扱うネットワークとしては，地域協議会のほかに，学校・教育委員会が調整役となっているネットワークや，警察が調整役になっているネットワークも存在する。日頃から，関係するネットワークとの連携・協力に努める必要がある。

（2）新しい社会的養育ビジョン

　2016（平成28）年の児童福祉法改正により，子どもが権利の主体で

あること，実親による養育が困難であれば，里親や特別養子縁組などで
養育されるよう，家庭養育優先の理念等が規定された。この改正法の理
念を具体化するため，有識者による検討会で「新しい社会的養育ビジョ
ン」がとりまとめられた。平成31年4月に公表された「社会的養育の
推進に向けて」（厚生労働省，2019）では，国・地方公共団体（都道府
県・市町村）の責務として，家庭と同様の環境における養育の推進等が
以下のように明記された。

①まずは，児童が家庭において健やかに養育されるよう，保護者を支援
　する。
②家庭における養育が適当でない場合，児童が「家庭における養育環境
　と同様の養育環境」において継続的に養育されるよう，必要な措置を
　とる。
③②の措置が適当でない場合，児童が「できる限り良好な家庭的環境」
　で養育されるよう，必要な措置をとる。特に就学前の児童は，②の措
　置を原則とすること等を通知において明確化する，としている。

　つまり，ここでいう代替養育が必要な場合の「家庭における養育環境
と同様の養育環境」とは，単に「家庭」で養育すればよいということで
はない。虐待や不適切な養育環境にある「家庭」ではなく，子どもが安
心して暮らせる適切な養育環境の中で，発達を保障されながら「家庭的
な」養育をされることを意味している。
　上記の基本となる社会的養護の基本理念は，「子どもの最善の利益の
ため」ということと「社会全体で子どもを育む」ということである。児
童福祉法第1条に「全て児童は，児童の権利に関する条約の精神にのっ
とり，適切に養育されること，その生活を保障されること，愛され，保

護されること，その心身の健やかな成長及び発達並びにその自立が図られること，その他の福祉を等しく保障される権利を有する」とある。また，児童の権利に関する条約の第3条には「児童に関するすべての措置をとるに当たっては，児童の最善の利益が主として考慮されるものとする」と記されている。

　社会的養護は，保護者の適切な養育を受けられない子どもを，公的責任で社会的に保護養育するとともに，養育に困難を抱える家庭への支援を行うものである。社会的養護の原理については，以下のようにまとめられている。

①家庭養育と個別化：すべての子どもは，適切な養育環境で，安心して自分をゆだねられる養育者によって養育されるべきである。「あたりまえの生活」を保障していくことが重要である。

②発達の保障と自立支援：未来の人生を作り出す基礎となるよう，子ども期の健全な心身の発達の保障を目指す。そのためにも愛着関係や基本的な信頼関係の形成が重要である。自立した社会生活に必要な基礎的な力を形成していく。

③回復をめざした支援：虐待や分離体験などによる悪影響からの癒しや回復をめざした専門的ケアや心理的ケアが必要である。そのために，安心感を持てる場所で，大切にされる体験を積み重ね，信頼関係や自己肯定感（自尊心）を取り戻す。

④家族との連携・協働：親と共に，親を支えながら，あるいは親に代わって，子どもの発達や養育を保障していく取り組みをする。

⑤継続的支援と連携アプローチ：アフターケアまでの継続した支援と，できる限り特定の養育者による一貫性のある養育をしていく。さまざまな社会的養護の担い手の連携により，トータルなプロセスを確保

する。

⑥ライフサイクルを見通した支援：入所や委託を終えた後も長くかかわ
　りを持ち続ける。

　2017（平成29）年8月にとりまとめられた「新しい社会的養育ビジョ
ン」は子どもの権利保障のために最大限のスピードをもって実現する必
要がある，としている。目標年度の例として，愛着形成に最も重要な時
期である3歳未満については概ね5年以内に，それ以外の就学前の子ど
もについては概ね7年以内に里親委託率75％以上を実現し，学童期以
降は概ね10年以内を目途に里親委託率50％以上を実現する，としてい
る。施設での滞在期間は，原則として乳幼児は数カ月，学童期以降は
1年以内，特別なケアが必要な学童期以降の子どもであっても概ね3年
以内を原則とする，としている。また，特別養子縁組については，概ね
5年以内に現状の約2倍である年間1,000人以上の成立を目指し，その後
の増加を図るとしている。

　ここでいう里親委託率は，社会的養育が必要な子どものうち，里親宅
とファミリーホームで暮らす子どもの割合を示したものである。2016
（平成28）年3月末の里親委託率（全年齢）は17.5％，2018（平成30）
年3月末では19.7％である。数値目標を達成するためには，里親になる
人を増やすとともに，里親の支援体制も含めた整備が必要である。質の
高い里親養育を実現するために，フォスタリング業務を行う機関（里親
養育包括支援機関）が重要となる。これは児童相談所がこれまで担って
きた業務であるが，厚生労働省の示すガイドライン（厚生労働省，2019）
では，民間への委託も可能であるとしている。

　虐待が発見されると，主に児童相談所が虐待への対応として，家庭に
介入したり，周囲の環境調整を行ったりしていく。それでも虐待が継続

する場合は子どもを保護することになる。このようにして児童養護施設等に入所している子どもたちはさまざまな課題を抱えていることが多くの研究で示されている。今後，新しい社会的養育ビジョンの方針が推進されるようになると，低年齢の子どもや，精神的健康度の高い子どもは里親養育に移行していくと考えられる。そうなると，さまざまな意味で専門的なケアが必要な子ども（ケアニーズの高い子ども）が児童養護施設の対象となると考えられる。これらのケアニーズの高い子どもに対応するために，生活担当職員自体も，高度な専門的養育スキルを要求されることになるだろう。虐待を受けた子どもが増加していることへの対応として，1999（平成11）年度から，概ね10人以上虐待を受けた子どもが入所している場合に，心理療法等担当職員が導入された。その後，2006（平成18）年度以降は心理職の常勤化により，施設内での役割の多様化（坪井，2008）が進んできている。児童養護施設の高機能化が求められる中，公認心理師として，これまで以上に専門性を発揮する必要があると考えられる。

（3）里親と特別養子縁組

　厚生労働省によると，里親制度は，「さまざまな事情で家族と離れて暮らす子どもを，自分の家庭に迎え入れ，温かい愛情と正しい理解を持って養育する制度」である。里親には，「季節・週末里親」（夏休みや年末年始などの長期休みの間に子どもを預かる），「養育里親」（ある程度の長期間，子どもを預かって養育する）と，養子縁組をして子どもを育てる「養子縁組里親」（戸籍には実親との親子関係を残したまま養親との親子関係を作るもの），「特別養子縁組」（戸籍上，実親との関係を解消し，養親が養子を実子と同じ扱いにするもの）がある。さらに「専門里親」は虐待された児童や非行等の問題を有する児童，及び障害のあ

る子どもなど，専門的ケアを必要とする児童を養育する里親で，原則2年と期間が決められている。養育里親より条件が厳しく，より専門的な研修を受けることとなっている。

　特別養子制度は，家庭に恵まれない子に温かい家庭を提供して，その健全な養育を図ることを目的として創設された子どもの利益のための制度である。これまでは原則6歳未満の子どもが対象とされていた。特別養子縁組の成立要件を緩和すること等により，この制度をより利用しやすいものとする必要があるとして，2019（令和元）年6月，民法等の一部を改正する法律（令和元年法律第34号）が成立した。今回の改正では，特別養子制度の利用を促進するために，特別養子縁組における養子となる者の年齢の上限を原則15歳未満に引き上げた。さらに，特別養子縁組の成立の手続を2段階に分けて養親となる者の負担を軽減するなどの改正をしている。この改正は，2020（令和2）年4月1日から施行された。

　里親の拡大型で家庭的養育を担うものとして小規模住居型児童養育事業（ファミリーホーム）がある。これは，「家庭養育を促進するため，要保護児童に対し，この事業を行う住居において，児童間の相互作用を活かしつつ，児童の自主性を尊重し，基本的な生活習慣を確立するとともに，豊かな人間性及び社会性を養い，児童の自立を支援する」事業である。2009（平成21）年度に創設された制度で，養育者の住居において行う点で里親と同様であり，児童5～6人の養育を行う点で，里親委託を拡大した里親型のグループホームであるとも言える。

　里親にしてもファミリーホームにしても，虐待等により心に傷を負っているケアニーズの高い子どもの養育には困難が伴う。里親への子育て支援は今後より必要となってくるであろう。

　坪井（2020）は，新しい社会的養育ビジョンのもと，児童福祉施設の

高機能化の2つの方向性について述べている。一つは，施設内のケアニーズの高い子どもたちに，より専門性の高い養育を提供することである。もう一つは，里親養育推進の流れにともなって，ケアニーズの高い子どもの専門的な養育のノウハウを，里親のもとで生活する子どもたちの養育にも生かすようにしていくことである。里親養育の子どものレスパイトケア（子どもを一時的に預かって養育者がリフレッシュできるようにするサービス）や，里親の子育て相談に対応する等の連携事業，いわゆるフォスタリング機能の一部を施設が担う可能性についても言及している。

　このような施設全体の高機能化・機能拡充の流れの中で，公認心理師は心理の専門職として「子どもの最善の利益」のためにどのような支援ができるのか，常に時代の要請に応えられるよう研鑽を積んでいく必要がある。

引用・参考文献

新たな社会的養育の在り方に関する検討会（2017）．新しい社会的養育ビジョン
　https://www.mhlw.go.jp/file/05-Shingikai-11901000-Koyoukintoujidoukateikyoku-
　Soumuka/0000173888.pdf（2019年10月27日アクセス）
法務省民事局（2019）．民法等の一部を改正する法律の概要
　http://www.moj.go.jp/content/001310720.pdf（2020年1月27日アクセス）
児童福祉法（2019）．『児童福祉六法（平成31年版）』中央法規出版社
厚生労働省（2019）．児童虐待防止対策の強化を図るための児童福祉法等の一部を
　改正する法律（令和元年法律第46号）の概要
　http://www.moj.go.jp/content/001301546.pdf（2019年10月27日アクセス）
厚生労働省（2019）．令和元年（2019）人口動態統計の年間推計
　URL：https://www.mhlw.go.jp/toukei/saikin/hw/jinkou/suikei19/index.html
　（2020年1月27日アクセス）

厚生労働省（2019）．子ども子育て支援法
　https://elaws.e‐ov.go.jp/search/elawsSearch/elaws_search/lsg0500/detail？
　lawId＝424AC0000000065（2020 年 1 月 27 日アクセス）

厚生労働省（2019）．子ども・子育て支援法の一部を改正する法律の概要
　https://www.mext.go.jp/b_menu/shingi/chukyo/chukyo0/gijiroku/__icsFiles/af
　ieldfile/2019/02/21/1413740_16.pdf,（2020 年 1 月 27 日アクセス）

厚生労働省（2019）．養育支援訪問事業ガイドライン
　https://www.mhlw.go.jp/bunya/kodomo/kosodate08/03.html（2020 年 2 月 2 日ア
　クセス）

厚生労働省（2020）．里親制度等について
　https://www.mhlw.go.jp/stf/seisakunitsuite/bunya/kodomo/kodomo_kosodate/
　syakaiteki_yougo/02.html（2020 年 2 月 2 日アクセス）

厚生労働省子ども家庭局家庭福祉課（2019）．社会的養育の推進に向けて
　https://www.mhlw.go.jp/content/000503210.pdf（2019 年 10 月 27 日アクセス）

内閣府（2019）．幼児教育・保育の無償化
　https://www8.cao.go.jp/shoushi/shinseido/musyouka/index.html（2020 年 2 月
　20 日アクセス）

坪井裕子（2008）．児童養護施設における臨床心理士の役割と課題，人間環境大学
　人間環境学部紀要「こころとことば」．7．47-59

坪井裕子（2020）．新しい社会的養育ビジョンにおける児童養護施設の課題，名古
　屋市立大学医療心理センター臨床心理相談室紀要．1．25-34

坪井裕子・松本真理子・野村あすか・鈴木伸子・森田美弥子（2019）．妊娠期から
　子育て期における切れ目のない支援について，―フィンランドのネウボラから考
　える―，日本心理臨床学会第 38 回大会発表論文集．341

14 | 移行支援としての心理支援②　発達障害・精神障害がある個人への心理支援

酒井　厚

《目標＆ポイント》　人の一生はいくつかの段階に分けることができ，各時期には，個人の心理社会的な発達にかかわる危機があるとされ，特徴的なライフイベントが存在する。こうした発達段階ごとの課題や出来事は，個人の生活や環境に変化を起こすことがあり，時には不適応に至るリスクにもなり得る。本章では，発達障害や精神障害のある個人が，生活や環境の変化をともなう移行に対してどのような問題を抱え，どんな心理的支援が必要となるのか，医療との連携を含めた観点から考える。

《キーワード》　発達課題，ライフイベント，学校適応，青年期，アイデンティティ，就労支援

1．人生における心理社会的な課題と移行

　人は，生後まもなくから他者と関わり，生涯を通じて心理面や対人関係を発達させていく。心理学者のエリクソン（Erikson, 1963）は，こうした心理社会的な発達が第12章の表12-1のような8つの段階で進むと考え，それぞれの時期に特徴的な，発達にかかわる危機があると主張した。例えば，人生最初の危機（基本的信頼VS不信）では，乳児は養育者とのかかわりにおいて，身の回りの世話を受けることや身体接触などの基本的欲求が満たされ，他者への基本的な信頼を形成できるか，それとも不信感を抱くかが問われるという。また，幼児期になると，子ども

は“自分でできる”と感じられるかどうかにかかわる2つの危機を経験する。幼児前期（自律性VS恥・疑惑）には，トイレット・トレーニングなどを通じて身体の自律性を感じることができるか，幼児後期［遊戯期ともいう］（自主性VS罪悪感）では，周囲の他者が行うさまざまな活動に関心を示し，自主的に取り組むことができるかどうかが試される。乳幼児期におけるこうした危機を解消できないでいると，子どもは他者を信頼して関われず，身辺自立に自信を持てず，自由に振る舞うことに罪悪感を持ってしまう恐れがある。その場合には，この時期に経験する保育所や園での家庭外の生活への適応に困難を示すかもしれない。

　各時期における心理社会的な危機やライフイベントは，生活や環境の変化を伴うものであり，多くの人が多少なりとも心理的な影響を受けるものである。とりわけ，発達障害や精神障害がある個人は，行動上の特徴や抱える症状により，人生上の移行における生活や環境の変化の影響を受けやすい存在であると言えよう。次節からは，障害のある彼らが問題を抱える可能性が高い移行に焦点を当て，支援の在り方について考えてみたい。

2.　発達障害児・障害者の移行における問題と支援

（1）学校環境への移行

　発達障害とは，2004（平成16）年に施行の「発達障害者支援法（2004年施行）」により定められた，中枢神経系に何らかの機能障害があると推定される種々の状態像を意味する。第5章にあるように，アメリカ精神医学会による精神疾患の診断・統計マニュアル第5版（DSM-5）では，注意欠如・多動症（AD/HD），限局性学習症（SLD），自閉スペクトラム症（ASD）が該当する（各障害の詳細は第5章を参照）。

　日本では，就学前の保育所や幼稚園は主に自由保育の形式をとってお

り，子どもたちは各自好きなことをして過ごすことが多い。一方で，就学してからは1人に1つ机が与えられ，決まった時間座っていなければならない。発達障害児にとって，こうした環境の変化は大きく，彼らの行動特徴から適応が難しくなることが少なくない。例えばAD/HDの子どもは，多動・衝動性が強い場合には，教室でじっと座っていることが苦手で，立ち歩いて授業を邪魔してしまうことがある。不注意が強い場合には，授業に集中できずに勉強についていけなかったり，班活動など仲間と一緒にする作業で，自分の分担を忘れてしまい迷惑をかけてしまうかもしれない。SLDの子どもでは，ほかの能力には問題がないのに，読み書きだけが極端にできないことで，勉強についていけないケースが少なくない。またASDの子どもは，程度に違いはあるものの，他者との社会的なやりとりが困難で，スケジュールや環境の変化が苦手なことから，一日の中でも活動する場所や内容が変化する学校生活に順応するのが難しい傾向にある。

エリクソンによれば，小学生の危機は「勤勉性VS劣等感」と表現され，子どもが想像力と好奇心を持って，知識を得ようとするかどうかが問われるという。発達障害児の場合は，意欲があってもうまく学業に臨めないため，劣等感を抱きやすいと思われる。また，学校での仲間との集団生活になじめないこともあり，学業不振や教室で孤立してしまうことも考えられよう。

（2）学校適応への支援

彼らが学校で健やかに過ごすためには，第5章で述べたように，学習と仲間関係の2点を支援することが特に重要となる。前者に関しては，教室の掲示物や授業での配布資料を視覚的にわかりやすくすること，学習支援のサポーターを付けることなどがあげられる。後者については，

発達障害児が，社会的スキルを学ぶためのソーシャルスキル・トレーニングや，一緒に教室で過ごす仲間との相互理解を促すピア・サポート・プログラムなどが行われる。ASD児を対象にしたある自立支援プログラムでは，社会的スキルの高い子どもたちと，3カ月のあいだ定期的に活動させることで，友だちと楽しく会話するテクニックや，自分がからかわれても感情的にならず切り返す方法などを獲得する効果が認められている（フランケル，他，2010）。

　2006（平成18）年に行われた学校教育法の一部改正により，発達障害児は，普通学級に在籍しながら，通級で特別支援教育を受けやすくなった。障害児が，健常児と同じ場で共に学ぶインクルーシブ教育とともに，彼ら一人ひとりのニーズに合わせた教育を受けられることで，自立や社会参加をより意識した支援となっている。こうした支援がうまく機能するには，現場の教員ばかりでなく，心理や福祉，保健，医療の専門家がそれぞれの特色を活かして連携することが欠かせない。スクールカウンセラーは，子ども自身や教員の心理面での相談にのり，スクールソーシャルワーカーは，子どもと家族の生活環境を整えるように援助し，養護教諭は健康管理の手助けをする。医師の場合には，医療現場や児童相談所などを訪れる親子に会い，診断をつけるだけでなく，保護者に子どもの障害や支援の在り方を理解してもらうことも重要な役目となる。医師が，保護者に子どもの行動特徴を説明し，特別支援教育の必要性を伝えることで，家族の障害児を支える意識がより高まった事例が報告されている（中村・岡明・田辺，2014）。

（3）二次障害

　しかし，こうした周囲からの理解や適切な支援が得られない状態が続くと，発達障害児は，本来抱えている困難さとは別の問題を生じてしま

う場合がある。先述のように，彼らは学業面で劣等感を抱いたり，他者とのかかわりでつまずくことがあり，自尊感情が低下してしまうことがある（齋藤，2015）。特に中学生頃は，第二次性徴による急激な身体変化などから自分を意識するようになり，エリクソンの言う「自己同一性VS同一性拡散」の危機を迎え，自己と向き合い，自分らしさ，すなわちアイデンティティを達成しようとする。発達障害児の中には，障害の内容や程度により自己に向き合うことが難しいこともあるが，自尊感情が低下していれば，自己の肯定的な面を見つけられず，健全なアイデンティティの発達にはつながりづらいであろう。また，自尊感情が低いと，抑うつ状態や不登校などの二次障害に至るケースもある。そのため，青年期を迎えた発達障害児には，カウンセリングによって精神的な安定を図るとともに，彼らが将来に希望を持ち，物事に積極的に取り組むための支援が必要と考えられる。

（4） 自立した生活への支援

　近年では，図14-1にあるように，高校卒業後に大学などの高等教育機関に進学する発達障害者が増えている。2016（平成28）年に施行された「障害を理由とする差別の解消の推進に関する法律（障害者差別解消法）」では，すべての障害者が，障害者でない人と等しく基本的人権を享受して不利益を被らないように，行政機関に合理的配慮の提供が義務付けられた。具体的には，障害を理由に授業や説明会への出席を拒んだり，必要がないのに介助者の同伴を求めるなどの不当な差別的扱いを禁止し，一人ひとりの障害特性や困難さに合わせた配慮を行うことである。これに基づき，大学では少しずつではあるが，あらゆる障害者が主体的に学び，自立した生活を送ることを支えるために，学習環境の整備や，日常生活や就職に向けた支援などを進めている。

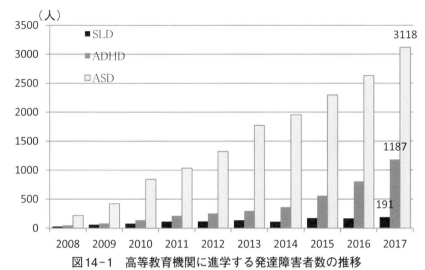

図14-1　高等教育機関に進学する発達障害者数の推移
（出典：各年度の日本学生支援機構「大学，短期大学及び高等専門学校における
障害のある学生の就学支援に関する実態調査結果報告書」より作成）

　人生において大きな移行をともなう就職に際しては，第5章で紹介した障害者総合支援法や障害者差別解消法，2016（平成28）年に施行の改正障害者雇用促進法に基づき，表14-1に示すような各種施設による支援が用意されている。これらの施設では，障害の程度に合わせて，発達障害者の働く意思の確認から始まり，障害特性も含めた自己理解，生活リズムの管理や対人スキル，就業に必要な各種能力の訓練が行われる。しかし，就労前の訓練により十分に準備し適職を得ても，実際に働いてみてあらためて生活スキルの問題や現場での課題に直面し，就労継続が困難になることもあろう。また，発達障害者の中には，職場に不適応になって初めて自分の障害に気付く人や，その後に障害者であることを職場に告げることに抵抗を示すケースもある。発達障害者の雇用を取

204

表14-1　発達障害者・精神障害者の就労支援を行う主な施設

施設名	支援の内容
ハローワーク（公共職業安定所）	職業紹介、職業指導、適応訓練、職業指導、事業主に対する助言及び指導を行う。一般の窓口に就職支援ナビゲーターの配置を進めており、発達障害に気づいていない人への支援も行っている。
地域障害者職業センター	職業評価、職業指導から就職後のアフターケアに至るまでの職業リハビリテーションを実施。2013年からは発達障害者への職業準備支援プログラム（自己理解や各種スキルの習得など）が行われている。
障害者就業・生活支援センター	障害者の居住する地域において、就業面と生活面の一体的な支援を行い、就職相談や就職後の職場訪問や家庭訪問を行う。
職業能力開発校	障害者用の職業能力開発校では、就業に必要な基礎体力作り、対人スキルやマナー、実務に関する知識と機能の訓練を3ヶ月～1年かけて行う。
就労移行支援事業所	一般就労を希望する65歳未満の障害者に、原則2年の期間を使って、就労体験や訓練、就職と就労継続への支援を行う。支援を受けるには、自治体が発行する障害福祉サービス受給者証が必要。
就労継続支援事業所	A型とB型の2つがあり、前者では継続的に就労が可能な65歳以下の障害者に、後者では雇用契約に基づく就労が困難な障害者に、就労機会の提供や訓練を行う。
発達障害者支援センター	発達障害児の日常生活に関する相談支援、発達支援、就労支援などを行う。

（出典：小笠原・村山（2017）を基に筆者作成）

り巻くこうした複雑な状況に対応するには，障害者が就労後に相談できる相手が必要である。例えば，地域障害者職業センターでは，障害者職業カウンセラーやジョブコーチ（職場適応援助者）が在籍し，障害者の職務状況の確認や，本人の職場適応や復帰の支援，障害者の職場環境について事業主に必要な改善点を提示するなどの業務を担っている。また，ハローワークの職員が，他の福祉施設や市町村の職員などと連携することで，障害者の職業生活の安定を目指すチーム支援が行われている。

3．精神障害者の移行と支援

（1）青年期に抱える問題

　青年期は「疾風怒涛の時期」とも表現され，精神的に不安定な状態になりやすい時期である。人によっては，日々のストレスにうまく対処できず，問題行動や精神障害に位置づけられる状態に追い込まれてしまう可能性がある。

　問題行動や精神障害には，外在化型と内在化型の2種類に分ける考え方がある。外在化型は，行動が統制できない形で現れるものであり，DSM−5の障害名で言えば，主に素行障害（人や動物への攻撃性や窃盗，重大な規則違反など複数の行動が1年間に継続してある）や反抗挑戦性障害（易怒性や挑発性など複数の特徴が半年以上継続して見られる），物質関連障害（アルコールやタバコ，大麻，睡眠薬などの持続的な使用と依存）といった反社会的な行動群があてはまる。こうした反社会的な行動には，幼い頃からのさまざまなリスク要因（認知能力の低さや家庭環境の悪さなど）の他に，思春期頃の非行仲間による影響の強さも指摘されている。そのため，周囲にいる大人が子どもの仲間関係を日頃から把握し，必要な場合にはすぐに介入できるようにマネジメントすることが必要となろう。

　一方，内在化型は，行動の統制が過剰な形で現れる問題行動であり，摂食障害や気分障害，不安障害などが該当する。

　摂食障害は，神経性無食欲症と神経性大食症に大別される。前者には，その個人の属性（年齢や性別など）で健康とされる状態から著しく低い体重であるのに，体重増加や肥満になることへの強い恐怖から食事をしないといった特徴が見られる。後者には，ほかの人よりも明らかに多い食物を食べ，体重の増加を防ぐために嘔吐などの不適切な代償行動を繰り返すといった特徴がある。2014-2015年に行われた病院受診患者数の調査（安藤，2015）によれば，2つの障害に罹患しているのは95％が女性であり，神経性無食欲症では10代が約34％と最も多く，神経性過食症では20代が約37％で最も多い。

　神経性無食欲症が重篤な場合は，栄養を摂取できず，ほかの病気に罹患するなどして生存が危ぶまれることもあり，医療的な対応が必要である。また，どちらの障害も心理学的な要因に基づいているため，精神療法的なアプローチからの介入が行われる。使用されることが多いのは，認知行動療法であり，患者の食行動とそれを引き起こす偏った考え方を変えることを目指す。一方，近年では食症状に焦点を当てるのではなく，症状の維持にかかわっている対人関係上の問題に光を当てる，対人関係療法の有効性も指摘されている（水島，2012）。この療法は，患者自身が，重要な他者との現在の関係が食症状とどのようにかかわっているかを理解し，対人関係を改善する方法を身に着けることを目的に行われ，治療が終わった後の継続的な効果も期待されている。

（2）統合失調症患者の移行支援

　統合失調症もまた，青年期に好発する精神障害である。主な発症年齢は15-35歳であり，男女差はほとんどなく，生涯有病率は0.3-0.7％と

表14-2　統合失調症の診断基準：DSM-5の骨子

	診断基準
A	以下のうち2つ以上が1ヶ月間（治療が成功した際はより短い期間），ほとんどいつも存在する。1つは（1）か（2）か（3）である。 （1）妄想，（2）幻覚，（3）まとまりのない発語，（4）ひどくまとまりのない，または緊張病性の行動，（5）陰性症状
B	障害の始まり以降の大部分で，仕事や対人関係，自己管理などの面で機能水準が低下している
C	障害の持続的な徴候が，前駆期または残遺期を含めて6ヶ月間は存在する
D	活動期に抑うつエピソードや躁病エピソードが発症していないか，こうした気分エピソードがあっても持続期間が短い
E	物質（乱用薬物，医薬品など）や他の医学的疾患の作用ではない

（出典：日本精神神経学会（監修），高橋三郎・大野裕（翻訳）『DSM-5　精神疾患の診断・統計マニュアル』医学書院を基に筆者作成　＊診断基準F.省略）

される。この障害は，DSM-5においては統合失調症スペクトラム障害およびほかの精神病性障害群に含まれ，表14-2に示すように，妄想と幻覚が主症状である。脳の気質的な変化を伴うものではあるが，原因は十分にわかっていない。妄想は，相反する証拠があっても変わることのない固定した信念のことであり，被害妄想や関係妄想，させられ体験などがある。幻覚は，外的な刺激がないのにもかかわらず起きる知覚様の体験であり，幻聴や幻視などが存在する。この疾患は，治療が長期間になるのも特徴の一つであり，2017年の退院患者による平均在院日数（厚生労働省，2019）は，14歳未満では167.2日，15～34歳では106.5日，35～64歳では301.6日であった。

　治療期間が長くなる統合失調症は，寛解（完治ではないが病状が治まり穏やかな状態）に至るまでに状態が変化し，図14-2のように，概ね「急性期」「消耗期」「回復期」に分けられる（伊藤，2005）。また，「急性期」の前には「前駆期」があり，本格的な症状が始まる前触れとして，

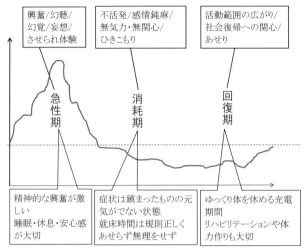

図14-2　統合失調症症状の時間に伴う変化
（出典：伊藤順一郎『統合失調症　正しい理解と治療法』（講談社），筆者一部改変）

不安や抑うつ的な気分の高まり，生活が不規則になることでの不眠，あせり感が現れる。この時期の対応が遅れると，「急性期」が重症化する可能性が高まると考えられる。「急性期」は，幻覚や妄想が始まり活動エネルギーが高まる時期であり，程度が強かったり長引くほど患者の状態は悪化し，「消耗期」における陰性症状（感情鈍麻やひきこもりなど）が長期化する傾向が見られる。さらに，この障害は自殺リスクが高いこともあり，「前駆期」の状態で早期に発見し，患者の予後を少しでも良くする対応が重要となる。

　統合失調症にはいろいろなタイプがあるため，医師による的確な診断と，薬によって幻覚や妄想を緩和し，混乱や興奮を抑える医療的な介入が必要である。薬については，処方されたとおりに飲まないケースが少なくないため，患者に治療方針の決定に参加してもらい，それに従って

自発的に治療を受ける，薬物アドヒアランスの向上も意識してかかわることが求められる。同時に，患者が精神的な安定を保ちながら社会生活を送るためには，心理学的な支援も欠かせない。具体的には，患者やその家族に心理教育を行い，障害の理解や状態が悪いときの対処法，家族とのコミュニケーションの取り方などを教えることがあげられる。そうすることで，病状が悪化したり再発することの予防が期待できよう。「回復期」には，精神科デイケアでのリハビリテーションを利用し，ソーシャルスキル・トレーニングや作業療法を通じて，自立した社会生活と就労に向けた準備を進めていく。

　また，統合失調症は青年期に好発するため，アイデンティティを達成できないままに成人期に移行し，自分自身を受け入れられない状態が続くケースも少なくない。そのため，統合失調症の患者には，偏見をはじめとする体験に苦しみ，自信をなくしながらも，慢性的な疾患と「折り合い（黒江・市橋・寶田，1995）」をつけ，経験したことを糧に発症する前とは違う今の自己を認識し，自分らしく生きることの大切さに気付くことが重要である（瀬戸口・糸嶺・朝倉・鈴木，2017）。こうした気付きは，障害を抱える当事者が自ら語る中で得られるものでもある（北村，2004）。第5章でも紹介した「浦河べてるの家（伊藤・向谷地，2007）」などの施設では，同様な障害を抱え，悩みを共有する人たちで互いの体験を振り返る当事者研究が行われている。障害者が自らを語ることを通じて，自分にとっての病の意味を得て，自分らしさに気付く様子が報告されている。

（3）成人期の気分障害

　エリクソンによる成人期の課題は2つあり，一つは成人初期（親密性VS孤立）において，特別な他者と親密な関係を築けるかどうかであり，

うまくいかない場合は社会生活において孤立する恐れがある。もう一つは，成人後期における「世代性VS停滞」であり，社会におけるさまざまな役割を担い，生産的で，次世代へ新たなものを継承していこうとするか，そうでなく停滞するかが問われるとされる。

　ライフコースが多様になった現代社会では，成人期の生き方の個人差は大きくなってはいるが，ほとんどの人は就職して社会人となり，やがて職場の上司として後進を指導するようになる。他者と親密な関係を築いて結婚する人は多く，子どもに恵まれれば，次世代を担う存在を養うようになる。時には地域の活動に参加し，種々の役割を担うこともあろう。こうした仕事や家庭，地域におけるライフイベントは，生活を充実させる一方で，多重な役割から精神的なストレスになることもある。

　日々の生活における過剰なストレスが，個人の精神的健康を害することは容易に想像できよう。特に気分障害は，考え方に偏りがあったり自責感が強いなどの素因の見られる個人が，強いストレスを受けることで生じやすい。

　図14-3は，平成29（2017）年度における気分障害の患者数を示している。これを見ると，年齢幅の大きい65歳以上を除けば，45〜54歳が最も多く，次に多い35〜44歳と合わせて49万人に上る。

　気分障害は，DSM-5では大うつ病性障害と呼ばれ，抑うつ気分や物事への興味や関心のなさがほとんど毎日見られ，不眠や焦燥感，集中力の減退などの症状が現れる。また，精神障害の中では自殺との関連が強いことも特徴であり（山田，他，2007），早期に発見し対応することが必要とされる。

　気分障害の患者には，薬物療法による医療的な介入や，第5章で紹介したような認知行動療法，あるいは先述の対人関係療法を用いて，医療と心理の両面からのアプローチにより症状を改善することが優先され

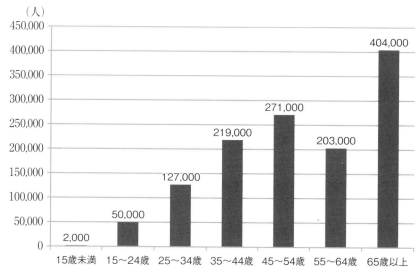

図14-3　平成29（2017）年度における気分障害（躁うつ病を含む）の年齢
　　　　別患者数

（出典：厚生労働省「患者調査」を基に筆者作成）

る。その後，患者が社会生活を送るためのリハビリテーションやトレー
ニングを段階的に行い，周囲のサポートを受けながら，病前に担ってい
た役割への復帰を目指す。特に，気分障害を患うと，その症状から仕事
を続けられず休職するケースが多いため，医療機関において復職支援プ
ログラムを行うことは，彼らの社会生活を支える上で重要であろう。具
体的には，精神科デイケアや作業療法，集団で行う精神療法を通じて，
病状を良くして安定させ，復職準備性（職場に戻った際の生活リズムや
業務遂行能力）を高め，再発防止のためのセルフケア能力を向上させる
ことが求められる（中川，2015）。また，精神障害者を地域の中で支援
することが重視される近年では，包括的地域支援プログラム（ACT：
Assertive Community Treatment）に基づき，周囲からのサポートを

受けて一人暮らしに挑戦するなど，社会的な意味での寛解を目指す支援が行われている。

（4）人生最後の移行

さて，エリクソンによる高齢期（老年期）の危機は「統合性VS絶望」と呼ばれ，自らの人生を見直し，その意味を了解できたか，それとも人生に満足を見いだせず絶望を抱くようになるかが問われるという。

人生最後の移行である死に向き合うために，私たちは障害者に対してどのような支援ができるのであろうか。例えば，この時期に多くなる認知症者には，過去の出来事を思い出して語る回想法を用いたセラピーを行うと，抑うつ感が軽減され，認知機能に改善が見られ，自己の価値観が高まることが報告されている（田高，他，2005）。

人は，誰かに語ることで，自らの人生を振り返ることができる。また，高齢者にある言葉から連想する出来事を想起してもらうと，10〜20代頃のことを多く思い出すというレミニセンス・バンプ（reminiscence bump）現象が知られている（槇・仲，2006）。

支援者としては，障害者の若き日の語りに耳を傾け，ウェルビーイングを支えながら，彼らの自己実現に寄り添う存在でありたい。

引用・参考文献

American Psychiatric Association（2013）. Desk reference to the Diagnostic Criteria from DSM-5.（日本精神神経学会（監修）髙橋三郎・大野裕（翻訳）（2014）.『DSM-5　精神疾患の診断・統計マニュアル』医学書院）

安藤哲也（2015）.「摂食障害の診療体制整備に関する研究」平成27年度厚生労働科学研究費補助金（障害者対策総合研究事業）報告書
https://mhlw-grants.niph.go.jp/niph/search/NIDD00.do ? resrchNum =

201516024A

ウグ，P.（1995）．*The Chronic Illness Trajectory Framework：The Corbin and Strauss Nursing Model*（黒江ゆり子・宝田　穂・市橋恵子訳：『慢性疾患の病みの軌跡－コービンとストラウスによる看護モデル』医学書院）．16-17

エリクソン，E. H.（1977）．（仁科弥生訳『幼児期と社会Ⅰ』みすず書房）

Frankel, F., Myatt, R., Sugar, C, Whitham, C., Gorospe, C.M., & Laugeson, E.（2010）. A randomized controlled study of parent-assisted children's friendship training with children having autism spectrum. Journal of Autism and Developmental Disorders. 40．827-842

伊藤順一郎（2005）．『統合失調症　正しい理解と治療法』講談社

北村育子（2004）．「病いの中に意味が創り出されていく過程：精神障害・当事者の語りを通して，構成要素とその構造を明らかにする」日本精神保健看護学会誌．13（1）．34-44

厚生労働省（2017）．「平成29年患者調査の概況」
https://www.mhlw.go.jp/toukei/saikin/hw/kanja/17/index.html（2019年2月28日閲覧）

槙洋一・仲真紀子（2006）．「高齢者の自伝的記憶におけるバンプと記憶内容」心理学研究．77（4）．333-341

水島広子（2012）．「摂食障害の対人関係療法（IPT）」医学のあゆみ．241（9）．708-712

文部科学省（2012）．「通常の学級に在籍する発達障害の可能性のある特別な教育的支援を必要とする児童生徒に関する調査結果」
https://www.mext.go.jp/a_menu/shotou/tokubetu/material/__icsFiles/afieldfile/2012/12/10/1328729_01.pdf（2020年2月28日閲覧）

中川（井上）裕美（2015）．「復職支援における気分障害の再発予防に向けた心理的支援：マインドフルネスに基づく認知行動療法からのアプローチ」産業・組織心理学研究．28（2）．133-150

中村由紀子・岡明・田辺恵美（2014）．「教育との医療連携における小児神経科医の役割：教育委員会での症例検討の効果」小児保健研究．73（2）．354-359

日本学生支援機構（2018）．「平成29年度大学，短期大学及び高等専門学校における障害のある学生の就学支援に関する実態調査結果報告書」

https://www.jasso.go.jp/gakusei/tokubetsu_shien/chosa_kenkyu/chosa/__
icsFiles/afieldfile/2018/07/05/h29report.pdf（2020 年 2 月 28 日閲覧）

小笠原哲史・村山光子（2017）.「大学における発達障害学生の就労支援に関する課題と今後の展開」明星大学発達支援研究センター紀要, MISSION. 2. 53-68

齊藤彩（2015）.「中学生の不注意および多動性・衝動性と内在化問題との関連」教育心理学研究. 63（3）. 217-227

瀬戸・ひとみ・糸嶺一郎・朝倉千比呂・鈴木英子（2017）.「統合失調症者の病いとの「折り合い」の概念分析」日本保健福祉学会誌. 23（2）. 35-45

田高悦子・金川克子・天津栄子・佐藤弘美・酒井郁子・細川淳子・高道香織・伊藤麻美子（2005）.「認知症高齢者に対する回想法の意義と有効性：海外文献を通して」老年看護学. 9（2）. 56-63

Yamada, T., Kawanishi, C., Hasegawa, H., Sato, R., Konishi, A., Kato, D., Furuno, T., Kishida, I., Odawara, T., Sugiyama, M., & Hirayasu, Y. (2007). Psychiatric assessment of suicide attempters in Japan：a pilot study at a critical emergency unit in an urban area. BMC psychiatry. 7（1）. 64

山本真生子.（2010）. 成人発達障害者支援の取組み事例とわが国の今後の課題. レファレンス. 60（7）. 27-47

15 | 移行支援としての心理支援③ 家族支援

山下真里

《**目標＆ポイント**》 個人だけではなく家族の在り方も，子どもの発達状況や成員の加齢により変化，移行していく。その折々における課題と支援の在り方について，総合的に紹介する。
《**キーワード**》 家族支援，役割変化

1. 家族を取り巻く状況

　少子高齢化が進む中で，家族形態の在り方は変化している。2018（平成30）年時点で，全世帯数は約5,099万件だったが，そのうち，児童のいる世帯は約1,127万件（平成30年時点）であり，1986（昭和61）年時点（約1,736万件）と比較すると，児童のいる世帯自体が減少している。そのうち，夫婦と児童（76.5％），ひとり親と児童（6.8％），いわゆる核家族は83.3％を占めており，その割合は増加している。一方で，祖父母，子ども夫婦，孫という，三世代同居は13.6％であり，減少している。

　高齢者の世帯はどうであろうか。65歳以上の高齢者がいる世帯は1986年時点では約977万件だったのが，2018年時点では約2,492万件であり，増加の一途をたどっている。その世帯構成は図15-1で示すように，1986年時点では三世代同居（約45％程度）が最も多かったが，2018年では10％に減少している。反対に増加しているのは，夫婦のみの高齢者世帯（18.2％

→32.3 ％），単独高齢者世帯（13.1 ％→27.4 ％），次いで高齢の親と未婚の子の世帯（11.1 ％→20.5 ％）である。

以上のように三世代同居は減少しているが，親世代と子世代が同一市内に住む近距離別居は，むしろ増加傾向がある（千年，2013）。遠距離別居よりも，近距離別居のほうが，対面接触頻度が増えることが報告されていることからも，互いに別々で暮らしながら親世代が子世代の子育て等をサポートしたり，子世代が親世代の日常生活をサポートしている可能性が浮かび上がってくる。最近の家族形態の潮流として，原家族とは別居しながら交流を続ける家族の在り方（単身／核家族）であり，家族に新たなメンバーを入れず同居を続ける世帯も増えていると考えられる。

また，家族の暮らし方の変化にともなって，地域の中で孤立しがちな人々の存在がクローズアップされるようになってきた。そのきっかけになったのは，阪神大震災後に発生した高齢者の「孤独死」の問題であり，新たなコミュニティになじめず，孤立に陥っている人々がいることが明らかになった。このような孤立や孤独の問題は，それ以降，単身世帯や高齢者世帯の問題として論じられてきた（稲葉，2013）。人と人とのあいだの信頼感や規範，社会的ネットワークなどの重要性を表す「ソーシャルキャピタル（社会関係資本）」という概念が着目され，孤立予防対策として，つどいの場づくりや安否確認システム，住民ボランティアの育成など地域づくりの取り組みが進められている。またインターネットなどのICTを活用した社会資源の情報提供や，電話やメールによる相談サービスなどは，相談へのアクセシビリティに貢献しているだろう。しかし，近年福祉領域において深刻な社会問題となっている児童虐待や，自死，介護うつ，ひきこもりやその長期化（8050問題），介入困難事例などを鑑みると，個人だけではなく家族ぐるみで孤立していることも少なくない。さらに，家族がいてもその家族を頼れないと感

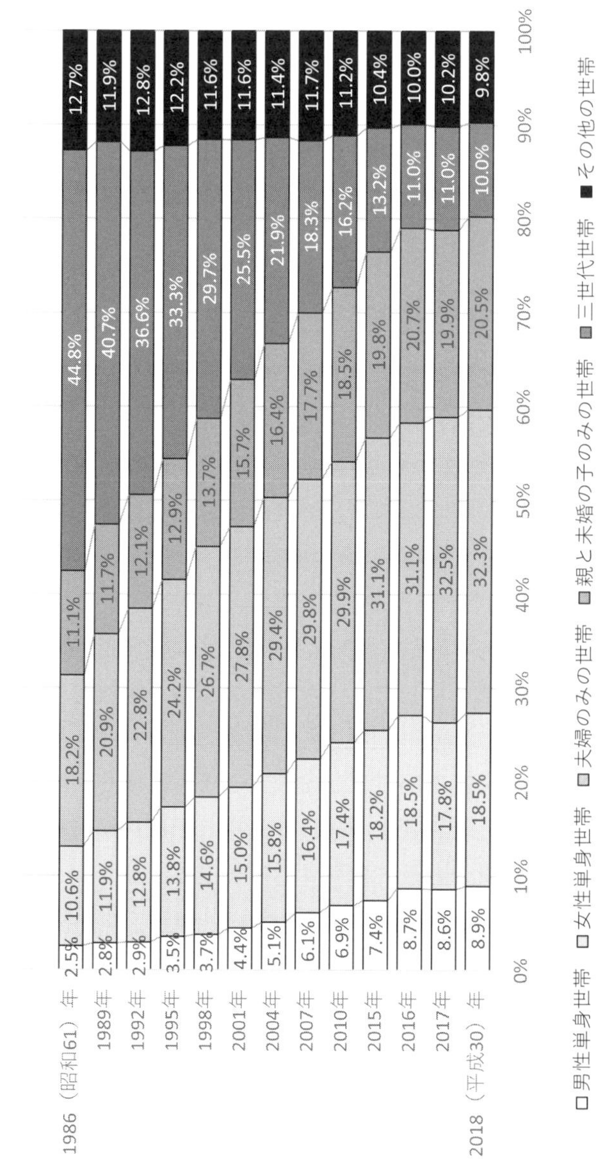

図15-1　世帯構成状況

□男性単身世帯　□女性単身世帯　□夫婦のみの世帯　■親と未婚の子のみの世帯　■三世代世帯　■その他の世帯

	男性単身世帯	女性単身世帯	夫婦のみの世帯	親と未婚の子のみの世帯	三世代世帯	その他の世帯
1986（昭和61）年	2.5%	10.6%	18.2%	11.1%	44.8%	12.7%
1989年	2.8%	11.9%	20.9%	11.7%	40.7%	11.9%
1992年	2.9%	12.8%	22.8%	12.1%	36.6%	12.8%
1995年	3.5%	13.8%	24.2%	12.9%	33.3%	12.2%
1998年	3.7%	14.6%	26.7%	13.7%	29.7%	11.6%
2001年	4.4%	15.0%	27.8%	15.7%	25.5%	11.6%
2004年	5.1%	15.8%	29.4%	16.4%	21.9%	11.4%
2007年	6.1%	16.4%	29.8%	17.7%	18.3%	11.7%
2010年	6.9%	17.4%	29.9%	18.5%	16.2%	11.2%
2015年	7.4%	18.2%	31.1%	19.8%	13.2%	10.4%
2016年	8.7%	18.5%	31.1%	20.7%	11.0%	10.0%
2017年	8.6%	17.8%	32.5%	19.9%	11.0%	10.2%
2018（平成30）年	8.9%	18.5%	32.3%	20.5%	10.0%	9.8%

（出典：厚生労働省（2018）の数値を基に筆者作成）

1）1995（平成7）年の数値は，兵庫県を除いたものである
2）2016（平成28）年の数値は，熊本県を除いたものである

じていたり，周囲にサポート資源はあっても自分が頼るべきところではないと感じていたりするなど，サポートネットワークとその認知の不一致も存在する。仮に，何らかの支援につながっていても，道具的サポートの授受にとどまり，家族の孤立や孤独感に対応した支援が得られてないという状況も珍しいことではない。このようなつながりにくい家族をどう支援していくか，今後ますます重要なテーマであるだろう。

2. 家族支援に関する理論

　福祉領域における家族支援を考える上で，家族の捉え方に関するいくつか重要な理論がある。家族システム理論はそのうちの一つで，家族を単なる個々のメンバーの集まりや総和として考えるのではなく，メンバー同士の関係や地域間の相互作用として機能する一まとまりのシステムとして捉え，理解しようとする試みである。家族システム理論に基づく心理的援助では，症状や問題を呈した人を患者とは呼ばず，IP（Identified Patient，あるいはIndex Patient）と呼ぶ。家族システムの中で，たまたま問題や症状を呈した人，家族システムや家族を取り巻く環境，ネットワークの中で機能不全をきたした人と見なされる。

　そして，個人の変化・発達と同様に，家族システムも変化・発達するという視点も重要である，結婚により家族が誕生して成員が皆死を迎えるまでを円環的な家庭の営みとして理解する家族ライフサイクル論が論じられている（表15-1）。多世代家族療法家のカーター&マクゴールドリック（1997）は，統合的視点を反映した包括的モデルの一つとして，個人と家族にふりかかるストレスのフローを提唱した（図15-2）。家族とその中にいる個人にふりかかるストレスを，個人・家族のレベルから，家族が置かれている社会や文化のレベルまで，さまざまな要因が複雑に絡まり合った状態として捉えている。そしてどの影響も省くことなく，検討

表15-1　家族ライフサイクル (子どもがいる家族の場合)

ステージ	家族システムの発達課題	個人の発達課題
1. 家からの巣立ち（独身の若い成人期）	原家族からの自己分化	親密性vs孤立 職業における自己確立
2. 結婚による両家族の結合（新婚期・家族の成立期）	夫婦システムの形成 実家の親とのつきあい 子どもを持つ決心	友人関係の再編成
3. 子どもの出生から末子の小学校入学までの時期	親役割への適応 養育のためのシステムづくり 実家との新しい関係の確立	世代性vs停滞 【第2世代】 基本的信頼vs不信 自律性vs恥・疑惑 自主性vs罪悪感
4. 子どもが小学校に通う時期	親役割の変化への適応 子どもを包んだシステムの再調整 成員の個性化	世代性vs停滞 【第2世代】 勤勉性vs劣等感
5. 思春期・青年期の子どもがいる時期	柔軟な家族境界 中年期の課題達成 祖父母世代の世話	【第2世代】 同一性確立vs同一性拡散
6. 子どもの巣立ちとそれに続く時期：家族の回復期	夫婦システムの再編成 成人した子どもとの関係 祖父母世代の老化・死への対処	【第2世代】 親密性vs孤立 （家族ライフサイクルの第一段階）
7. 老年期の家族の時期：家族の交替期	第2世代に中心的な役割を譲る 老年の知恵と経験を包含	統合vs絶望 配偶者・友人の喪失 自分の死への準備

(出典：平木典子『家族の心理―家族への理解を深めるために』サイエンス社)

に入れるものとしており，これは家族支援のアセスメントに際し重要な考え方であろう。家族システムにおいて，個人（メンバー）というのは，家族や拡大家族（親族すべてを含む），友人や近隣のコミュニティ，

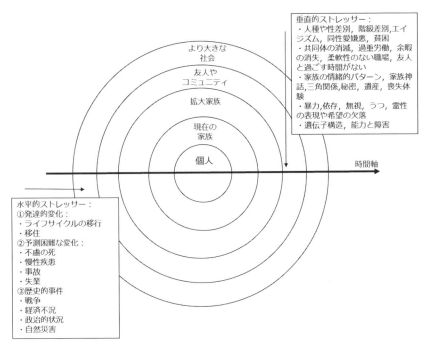

図15-2　家族にふりかかるストレスのフロー

(出典：Carter, B.A.; McGoldrick, M. *The Expanded Family Life Cycle : Individual, Family, and Social Perspectives*, 3rd ed, 1999
Reprinted by permission of Pearson Education, Inc. through Japan UNI Agency, Inc. Tokyo, 筆者翻訳)

より大きな地域社会と相互に影響を及ぼしながら，時間とともに発達していく存在であると理解することができるだろう。そのようなある一時点において，システムから受けるマイナスの影響は「垂直的ストレス」と呼ばれている。例えば，仕事場の無理解や過重労働，貧困，差別，家庭における暴力などである。一方で，時間軸に焦点を当てたマイナスの影響は「水平的ストレス」と呼ばれる。結婚や出産などある程度予測可能なライフサイクル上の出来事と，病気や死，失業，事故など予測不可

能な出来事があるとされている。福祉領域における家族は，特に双方向からの複雑なストレスにさらされていると考えてよいだろう。

　また，世代性の視点も欠かすことができない。E.H. エリクソンが提唱したジェネレーショナル・サイクルの考え方では，家族一代の変化ではなく，何世代も連なった多世代的発達を捉えている。「ジェネラティビティ：generation（世代）と generative（生成的な）を掛け合わせた造語」という言葉を用いて，育てられる存在であったものが，子を育てる存在となり，そして子離れしていくというサイクルで，家族関係が次世代へ継承されていく過程を説明した。これは，育てる―育てられるという一方的関係ではなく，育てながら親としても成長する（育てられる）という相互関係である。また，次世代への方向性，つまり子育てのシステムとしての家族だけではなく，前世代との関係性，つまり，介護・看取りのシステムとしての家族についても応用可能であるという考え方もある（西平，2013）。鯨岡（2004）は，「"〈育てられる者〉から〈育てる者〉へ，そして〈看取る者〉から〈看取られる者〉"へという基本構造をもち，しかもそれが世代間で循環していく」という関係性の中で人と家族が成長していくと述べ（図15-3），それぞれの立場（役割）への移行する際に危機が生じるとした。

　以上のことから，家族への支援においては，個人－家族－地域（環境）の関係性（垂直的ストレス），時間的に変遷してきた家族の歴史（水平的ストレス）から総合的家族機能をアセスメントし，それぞれの関係性を調整したり，役割の移行を手助けすることが支援目標の一つになるだろう。

222

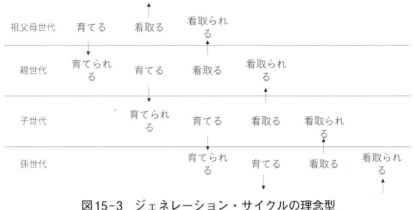

図15-3　ジェネレーション・サイクルの理念型

（出典：西平（2013）を基に筆者作成）

3. 福祉領域における家族支援とは何か

　福祉領域における家族支援は，マンパワー不足と相まって，十分機能しているとは言いがたい。特に，障害者福祉や，高齢者福祉領域では対象者への支援が優先され，家族支援が立ち遅れている状況である。例えば，デイサービスやショートステイなどの高齢者施設は，その始まりは家族介護者のためのレスパイトケアとしての歴史を持つが，サービスの提供とその利用というレベルにとどまるきらいがあり，家族をエンパワメントするという視点から見ると不十分であることが指摘されている。また，いわゆる困難事例と呼ばれている人の話を聴いていると，どこに相談すればよいかわからず誰にも相談したことがないという人もいるが，中には相談したことがあるが「たらい回しにされた」「何もしてくれなかった」と感じている人と出会うこともある。この「たらい回しにされた」ということはなぜ生じるのだろうか。もちろん，相談窓口がわ

かりにくい，利用しづらいといった行政システム上の問題もあるだろう。もう一つは，相談の質そのものの問題が考えられる。先述したように，福祉の対象となる家族は複雑なストレス状況にあるため，支援者が途方もない気持ちになったり，なかなか変化していかない家族の在り方に苛立ちや無力感を感じやすいと言える。

　尾崎（1999）は，福祉領域における家族や支援者が問題に向き合おうとするときに感じる苦悩や葛藤，わからなさ，無力感などの感情を「ゆらぎ」という言葉を使って論じている。家族支援において，支援者はこのような「ゆらぎ」を抱えていくことが重要であり，抱えることが苦しくなると「ここで，自分ができる支援」を考えるという態度がとりにくくなる。このようにして家族が「たらい回し」にされる状況は生じる。一方で，支援者側としては家族をたらい回しにしたと思っておらず，「しかるべき社会資源の情報提供した」「しかるべき他機関と連携している」と思っている場合すらあるだろう。また，家族にも「ゆらぎ」が生じるが，家族が「ゆらぎ」を抱えていく力が極端に低く，支援者とのあいだで共に考えていくという関係を作るのが難しい家族がいるのも事実である。このような福祉領域における家族支援の現状を踏まえた上で，先に紹介した鯨岡の「育てられる―育てる―看取る―看取られる」の関係発達の視点を参考に，それぞれの時期における家族支援について検討する。

（1）〈育てられる〉〈育てる〉関係を支援する

　鯨岡が，「〈育てられる者〉として生きる自分史をもつことなく最初から〈育てる者〉になれる人はいない」と述べているように，それまでの〈育てられる〉立場から〈育てる〉立場への転換は，誰にとって大きな変化であり，その過程で戸惑い，葛藤するのは自然な感情である。そし

て，本来子育ては相互的な関係であり，〈育てる者〉が未熟であればあるほど周囲の協力が必要になってくる社会的な営みであるが，一人で〈育てる〉ことに固執すると「孤育て」に陥る。自分が〈育てる者〉として育てられていることに気付くと，子育ての楽しみはより実感されることもあろう。しかし，家族ライフサイクル（表15-1）のように順を追って子育てが始まるわけではなく，自分の原家族からの分化や夫婦システムの構築と同時並行で進んでいく。その際に，子育てをめぐり，親世代とのあいだや，夫婦間で葛藤が生じやすい。以上のことから，〈育てられる―育てる〉にまつわる家族支援では，〈育てられる〉体験を，〈育てる〉体験へと移行することで生じる抵抗や葛藤を支援しながら，家族がねぎらわれ，情緒的に支えられているという安心感を醸成していくことが重要になるであろう。とりわけ，虐待の世代間連鎖に見られるように，ネガティブな〈育てられる〉体験のある人は，ポジティブな〈育てる〉体験へとつながっていきにくい。このような家族に対する支援は，決して容易なことではないが，社会資源の活用によって子育て機能を補うことに加え，家族関係を調整するような支援が必要である。

（2）〈手放す〉〈自立する〉関係を支援する

　小学校・中学校・高校と子どもの学年が上がるにつれて，子どもは家族以外の人間関係を持ち，その比重が多くなってくるのは，自然なことである。そのような子どもの親離れは，親の子離れと双方向性の動きによって成立するものであり，ある程度柔軟な家族境界を持つ家族システムへと変化することが求められる（中釜，2016）。つまり，子が離れても家族として成立すること，子が戻ってきたときは受け入れ家族としてまとまることができることを指す。このように，子への執着を〈手放す〉ことは，子ときずなを作ることと同等に重要であるが，極めて難しい作

業であるとされている。E.H. エリクソンは子の自立に喚起され親に備わってくる役割を "the ability to lose oneself" という言葉で説明している。谷村（1999）によって，これは「自分に固執しない能力」と訳されているが，自分を捨てるという意味ではなく，自分が愛着を持って育ててきたものを手放す能力である。

　一方で，子に障害や疾病などがあると，その子なりの自立の在り方を考え，手放していくことがとても難しく感じられることがある。例えば，発達的問題や心理的問題，精神疾患を抱えていることから，学校生活や職業生活，日常生活にサポートを要する子の家族相談では「"できない"のか"しない"のか」に関連した悩みを聴くことがある。そして，「子ができるだけ自立できるよう，自分でできることはさせたい」と言う。親である自分に何かあった場合の子の生活を案じる，親には共通する心理であろう。また，学童期は手厚かった支援も，成人期には乏しくなり，連続した支援を受けることが見込めないという現状の福祉的制度への不安もあると思われる。確かに，鯨岡の言うように「させる」ことが中心のかかわりでは，なかなか人の自主性は育たないが，言うほど容易なことでもない。一方で，生活機能モデルでは，「できる活動」と「している活動」は異なり，人によっては大きな差があることが知られている。できるのにしていない状況は，本人の意欲や親のかかわりのせいにされがちであるが，環境因子も大きく影響する。以上のように，親の揺れる思いを受け止め，労い，子を手放していけるための作戦を共に話し合える場が必要である。

　しかし，親自身が困って相談に来ている場合であっても，子の状況や態度ばかりを報告し，親自身の気持ちやかかわりについては話題にしたがらないということはよくある。例えば，ひきこもり当事者の家族に見られる特徴として，「子どものひきこもり」が改善することに目がいき

がちで，親が相談に来るのは本人が相談に来るための"つなぎ"と思っている場合があることが指摘されている。斎藤（2012）は，訪問型の家族支援の事例から，子への働きかけ，あるいは親だけへの働きかけだけでは，家族システムにポジティブな変化は生じにくく，親を治療関係に引き込み，子–親–支援者の三者関係をつなぐ働きかけをしていくことが必要であると述べている。また，家族支援と言いながらも，実は「母子支援」になっていることが多く，支援の場や支援体制に父親の存在が登場してこないというケースはよくある。支援が支援として機能するための関係づくりは大変難しいことであるが，個々の成員の抱える問題を指摘し変化を促すのではなく，家族がそうならざる得ない事情や背景を理解しようとする態度が重要であろう。

（３）〈看取る〉〈看取られる〉関係を支援する

　〈看取る〉〈看取られる〉というのは，死に際を連想する言葉であるが，ここでは手助けする（介護する）–任す（委ねる）といった広義意味で用い，家族ライフサイクルの最終段階（老年期の家族の時期）における家族関係を説明する。徐々に介護が始まろうとしつつある時期の家族相談の中で，子世代から「（親）にしっかりしてもらわなくちゃ困る」という言葉はよく聞かれる言葉である。その言葉の背後には，自分がサポート役を引き受けることへの不安や，老いていく親の姿を受け入れることができないという気持ちなどさまざまな葛藤が感じられる。一方，親のほうに尋ねてみると，やはり「子には迷惑をかけたくない」という言葉がよく聞かれる。親にとっても子に委ねていくことへの葛藤や，〈看取られる〉立場に移行していく抵抗が生じる。このように〈手放す〉〈自立する〉関係を経た家族が，介護をきっかけに〈看取る〉〈看取られる〉という関係性であらためて結びつくことは難しいことである。いわ

んや長期間にわたって〈育てる〉〈育てられる〉という関係を継続している家族が，一足飛びに〈看取る〉〈看取られる〉という関係に移行することは極めて難しいことは言うまでもない。

　〈看取り〉には喪失感がつきものであり，この時期の家族支援では，その喪失体験への手当てや回復への援助が重要になる。特に認知症介護においては，「あいまいな喪失（ボス，1999）」ということが問題になる。「あいまいな喪失」は，災害などで身元が確認できず，生死がはっきりしないという身体的な喪失のあいまいさや，身体はあるが認知症や薬物，アルコール依存等の影響で以前のその人と連続性が損なわれているという心理的な喪失状況を指す。川西（2012）は，認知症介護者のセルフヘルプグループにおいて，「あいまいな喪失」にまつわる悲嘆が語られていることを報告し，介護者が折り合いをつけていくための場が必要であるとしている。

　ここで，認知症の夫を介護している妻が地域の支援者から（虐待を疑われ），家族相談を勧められたケースを紹介する。開口一番「私はどこかおかしいと思われているのでしょうか」といたく傷ついた様子だった。その場に同席した地域の支援者は，介護を一人で抱え込んでいるように見えて心配だったと伝え，ひとまず納得したようだった。相談では，夫の夜間失禁の後始末に悩んでおり，着替えをするように言っても「バカヤロウ」と怒鳴られ，言い争いになることや，怒鳴ったことを忘れてご飯の催促をすることを苛立った様子で語った。その話の中には，「都合のいいときだけ忘れる」「面倒をみてもらう人の態度ではない」という言葉がたびたび出てきた。

　ここまで聞くと，何がこの家族に起きていると考えるだろうか。認知症の理解不足という見方もできるだろう。もしくは介護の負担を軽減するために，もっとサービスを使えばいいのにと思うかもしれない。認知

症介護では，「症状なのか性格なのか」という悩みが生じやすい。病前のことをよく知る家族ならではの悩みであろう。しかし，ここで〈以前のご主人はどうだったのですか？〉と尋ねていく中で，実は夫婦関係はとうの昔に破綻していたということがわかる。それでも，お互いに距離をとって夫婦を続けていたが，夫が認知症になり介護が始まったことで，また妻としての役割が求められることに苦痛を感じているようだった。こじれた夫婦関係を老年期に持ち越し，〈看取る〉〈看取られる〉の関係を作る準備ができていない様子がうかがえた。夫婦介護でも親子介護でも，家族相談の中で，以前から滞っている家族関係が語られることは決して少なくない。高崎（2002）は，高齢者虐待における家族介護者の状況について，①ストレス蓄積型，②力関係逆転型，③支配持続型，④関係密着依存型，⑤精神的障害型に分類し，それぞれのタイプに応じた介入を行う必要があると述べた。介護によって生じるストレスを減じるだけではなく，関係性を見立て，家族をエンパワメントしていくような支援が必要であることを表していると言えるだろう。

　看取った後の支援も極めて重要な課題である。先に述べたような介護者のセルフヘルプグループでは，看取りを終えた介護者が，今度は看取りの最中にある介護者の支え手に回り，同時に自分の介護体験を振り返り，語りなおすことで，弔っていく過程が見られる。しかし，孤立した家族にとっては，メンバーの喪失を一人で抱えざる得ない場合も多い。また，近年は，単身世帯などの増加から，〈看取る〉を家族ではなく，友人や訪問医療，高齢者施設などその他のコミュニティが担う場合も増えてきた。このような孤立した家族や地域における看取りをどのように支えていくのか，グリーフ（悲嘆）ケアの視点からも心理的支援が必要となる領域であろう。

引用・参考文献

Boss, P. (1999). *Ambiguous loss : Learning to live with unresolved grief.* Cambridge, MA : Harvard University Press. (邦訳：「さよなら」のない別れ，別れのない「さよなら」南山浩二（訳）. 学文社)

Carter, B., McGoldric, M. (1999). *The expanded family life cycle : Individual, Family, and Social Perspectives* (3rd Edition). Allyn and Bacon

平木典子・中釜洋子（2016）.『家族の心理：家族への理解を深めるために（第12版）』サイエンス社

福井理江（2011）. 家族心理教育による家族支援. 精神障害とリハビリテーション. 15（2）. 167-171

稲葉陽二・藤原佳典（編）(2013).『ソーシャルキャピタルで解く社会的孤立：重層的予防策とソーシャルビジネスへの展望』ミネルヴァ書房

川西智也（2017）. 地域臨床における家族会の役割と専門職に求められる支援―フィールドワークからの考察―（小海宏之・若松直樹（編）. 認知症ケアのための家族支援―臨床心理士の役割と他職種連携―）. クリエイツかもがわ

川西智也（2012）. 喪失の観点からみた，認知症者の家族介護者が集うセルフヘルプ・グループの取り組み：認知症者の衰退をめぐるメンバー間の語り合いの考察. 第13回日本認知症ケア学会大会抄録集

厚生労働省（2019）. 平成30年国民生活基礎調査 URL：https://www.e-stat.go.jp/stat-search/files？page=1&toukei=00450061

鯨岡峻（2004）. 次世代育成の諸問題：いま，何を育てる必要があるのか. 教育学研究. 71（3）. 14-25

McAdams, D.P., Reynolds, J., Lewis, M., et al. (2001). When bad things turn good and good things turn bad : sequences of redemption and contamination in life narrative and their relation to psychosocial adaptation in midlife adults and in students. Personality and Social Psychology Bulletin. 474-485

西平直（2013）. ジェネレイショナル・サイクル：先行世代との円環・後続世代との円環. 円環する教育のコラボレーション. 80-92

尾崎新（1999）.『「ゆらぐ」ことのできる力』誠信書房

齋藤暢一郎（2012）. 不登校・ひきこもりへの訪問援助に関する臨床心理学的研究：

3者関係モデルの構築. 首都大学東京博士論文

千年よしみ（2013）. 特集Ⅰ：少子・超高齢・人口減少社会の人口移動―第7回人口
　移動調査の結果から―（その1）近年における世代間居住関係の変化. 人口問題
　研究. 69（4）. 4-24

清水浩昭（1987）. 家族・世帯構造の変化とライフサイクル. 日本家政学会誌. 38
　（5）. 431-435

高崎絹子（2002）. 老年期の家族関係：家族類型からみた高齢者虐待のタイプ（ワー
　クショップ：現代の家族関係が女性の心身におよぼす影響について）（第31回日
　本女性心身医学会学術集会）. 女性心身医学. 7（1）. 24 p

谷村千絵（1999）. E.H. エリクソンのジェネレイティビティ概念に関する考察：ラ
　イフサイクルとかかわりのダイナミズム. 教育哲学研究. 80. 48-63

索引

●配列は五十音順，＊は人名を示す。

232

分担執筆者紹介

（執筆の章順）

下川　昭夫（しもかわ・あきお）

・執筆章→3・6

1960 年	広島県生まれ
1984 年	東京大学農学部畜産獣医学科卒業
1989 年	東京都立大学人文学部心理学科卒業
1998 年	東京都立大学大学院人文科学研究科博士課程単位取得満期退学
現在	東京都立大学教授
専攻	臨床心理学・コミュニティ臨床
主な著書	『症状解消後のモーニングワーク継続の重要性―思春期から10 年以上抜毛症状の続いた女性との心理療法―』（単著，心理臨床学研究，1999 年） "Influence of Deteriorating Ability of Emotional Comprehension on Interpersonal Behavior in Alzheimer‑Type Dementia"（共著，Brain and Cognition，2001 年） 『コミュニティ臨床への招待―つながりの中での心理臨床―』（共編著，新曜社，2012 年） 『支援がとどきにくい子どもたちに目を向ける必要性』（単著，心理臨床学研究，2017 年） 『心理職は多職種と協働をいかに育むか―母子生活支援施設職員との子ども支援―』（共著，心理臨床学研究，2019 年）

酒井　厚（さかい・あつし）

・執筆章→5・14

千葉県生まれ
早稲田大学人間科学部基礎科学科卒業
早稲田大学大学院人間科学研究科博士後期課程　単位取得
満期退学

現在　　東京都立大学准教授，早稲田大学博士（人間科学）
専攻　　発達心理学・発達精神病理学
主な著書　『やさしくわかる社会的養護第3巻　子どもの発達・アセス
メントと養育・支援プラン』（共著，明石書店，2013）
『ダニーディン 子どもの健康と発達に関する長期追跡研究
－ニュージーランドの1000人・20年にわたる調査から－』
（翻訳，明石書店，2010年）
『ヒューマン・ディベロップメント』（共著，ナカニシヤ出版，
2007年）
『発達精神病理学－子どもの精神病理の発達と家族関係』（共訳，
ミネルヴァ書房，2006年）
『対人的信頼感の発達：児童期から青年期へ』（単著，川島書店，
2005年）

山下　真里（やました・まり）

・執筆章→10・11・15

1984 年	東京都生まれ
2007 年	早稲田大学人間科学部健康福祉科学科卒業
2009 年	首都大学東京大学院人文科学研究科臨床心理学教室，博士前期課程修了
2016 年	首都大学東京大学院人文科学研究科心理学教室，博士後期課程単位取得後満期退学
2018 年	首都大学東京大学院人文科学研究科，博士（心理学）号取得
現在	東京都健康長寿医療センター研究所認知症未来社会創造センター（研究員）
主な著書	『これからの対人援助を考える　暮らしの中の心理臨床―不安―』（分担執筆，福村書店，2017 年）
	『これからの対人援助を考える　暮らしの中の心理臨床―認知症―』（分担執筆，福村書店，2017 年）

編著者紹介

村松　健司 （むらまつ・けんじ）
・執筆章→1・4・9・12

1966 年	長野県生まれ
1989 年	信州大学教育学部教育学科卒業
1992 年	千葉大学大学院教育学研究科修士課程修了　博士（教育学）
現在	東京都立大学学生サポートセンター教授
専攻	臨床心理学　児童福祉臨床
主な著書	『施設で暮らす子どもの学校教育支援ネットワーク「施設－学校」連携・協働による困難を抱えた子どもとの関係づくりと教育保障』（単著，福村出版，2018 年）
	『遊戯療法：様々な領域の事例から学ぶ』（分担執筆，ミネルヴァ書房，2017 年）
	『暮らしの中の心理臨床　パーソナリティ』（分担執筆，福村出版，2016 年）
	『情動と発達・教育　子どもの成長環境』（分担執筆，朝倉書店，2015 年）
	『遊びからみえる子どものこころ』（分担執筆，日本評論社，2014 年）

坪井　裕子（つぼい・ひろこ）

・執筆章→2・7・8・13

2005 年	名古屋大学大学院教育発達科学研究科博士後期課程単位取得満期退学，名古屋大学博士（心理学）
現在	名古屋市立大学大学院人間文化研究科教授，放送大学客員教授
	公認心理師・臨床心理士
専攻	臨床心理学
主な著書	『ネグレクト児の臨床像とプレイセラピー』（単著，風間書房，2008 年）

『子どものロールシャッハ法　形態水準と反応内容』（共著，金剛出版，2009 年）

『災害に備える心理教育』（共著，ミネルヴァ書房，2016 年）

『ネグレクトされた子どもへの支援―理解と対応のハンドブック』（共著，明石書店，2016 年）

『日本とフィンランドにおける子どものウェルビーイングへの多面的アプローチ』（共著，明石書店，2017 年）

『心の危機への心理学的アプローチ』（共著，金剛出版，2019 年）

『心理アセスメントの理論と実践』（共著，岩崎学術出版，2020 年）

放送大学教材　1529560-1-2111（ラジオ）

福祉心理学

発　行	2021 年 3 月 20 日　第 1 刷
編著者	村松健司・坪井裕子
発行所	一般財団法人　放送大学教育振興会
	〒105-0001　東京都港区虎ノ門 1-14-1　郵政福祉琴平ビル
	電話　03（3502）2750

Printed in Japan　ISBN978-4-595-32249-5　C1311